邮票上的木文化

Postage stamps of wood culture

吴静和 编著

中国林業出版社

图书在版编目（CIP）数据

邮票上的木文化 / 吴静和编著. -- 北京：中国林业出版社, 2015.6（2020.9 重印）

ISBN 978-7-5038-8048-3

Ⅰ. ①邮… Ⅱ. ①吴… Ⅲ. ①邮票—世界—图集②树木—文化—世界 Ⅳ. ①G894.1-64②S718.4

中国版本图书馆CIP数据核字(2015)第143634号

出版 中国林业出版社（100009 北京西城区刘海胡同7号）
网址 http://lycb.forestry.gov.cn
E-mail forestbook@163.com 电话 010—83143543
发行 中国林业出版社
印刷 河北京平诚乾印刷有限公司
版次 2016年6月第1版
印次 2020年9月第2次
开本 787mm×1092mm 1/16
印张 15
字数 350千字
定价 128.00元

序

集邮是一项世界性的文化活动，以邮品为主要内容，丰富多彩，涉及多学科、多门类的知识，有着广泛的社会功能，是一门综合的学问。集邮是获取知识的途径，方寸之间的小小邮票成为包罗万象的博物馆，容纳丰富知识的小百科，从一个侧面反映了历史的进程。

吴静和先生是浙江农林大学经济管理学院教授，是我国林业经济学科的创始人之一，同时也是一位知识渊博的集邮爱好者。吴静和先生的新作《邮票上的木文化》是继她的《邮票上的林业史》之后的又一部集邮著作，它的问世，对于广大集邮爱好者来说是一件值得欣喜之事。2011年出版《邮票上的林业史》之后，吴静和先生又开始尝试编著《邮票上的木文化》。她先后收集了800余种邮品，其中82%为邮票，8%为小型张、连票等，10%为封片类邮品。这些邮品分别由100多个国家和地区发行，我们可以从中体察不同国家和地区因社会经济发展和风俗习惯等在木文化方面的差异。《邮票上的木文化》借用相关木的邮品，通过20个专题展现出木文化的诸多内涵和特性，展示了人类文化特别是木文化的发展历程，让我经受了一次集邮活动。

阅读本书，不仅是一种美的享受，也是一次文化的熏陶，相信任何一位读者都会受益匪浅。这一新作的问世，对木材利用知识的普及以及引导人们科学、合理、高效的利用木材，让木文化为人类文明的发展和自然生态的和谐做出应有的贡献。在该书出版之际，特为之作序，并希望该书对我国生态文明建设具有重要的指导作用。

張齐生

中国工程院院士、浙江农林大学名誉校长

2015年7月于南京

前　言

从人类文明开始以来，木材就一直为人们提供燃料、为制作工具、建屋用材料。木材自古就是中国人民物质生活和精神生活的重要伴侣，木制品伴随着中华民族走过了一个又一个时代，它印证了人类文化的发展，也秉承了传统中国文明中的隐忍、中庸、温和、平实的精神。它凭借着内在的生命力和特有的延展性，在中国传统文化长河中呈现出多姿多彩的面貌。大到宫殿、寺庙、民居建筑、交通工具，小到家具、劳作工具、朝拜工具、各类器物，乃至各种木质雕刻……可以说，木材伴随着人类一路走来。

从木的涵义看，它是生命体，是五行之一，是生物体，是一种自然资源，有其特定的生物体结构——年轮、管孔……；它是功能体，是造纸的原料，可药用，是乐器、建筑、家具等的材料；它是精神体，是诗词、国画中抒发情感的载体。

以木为物化载体的木文化，是从人文的角度探讨木材的价值观和利用方式，展现人类利用木材的经验、知识、智慧、灵感，引导人们科学、合理、高效的利用木材，让木文化为人类文明的发展和自然生态的和谐永续做出应有的贡献。

本书欲借用相关木的邮品，展现木文化的诸多内涵和特性，分下列诸部分叙述。

专题一至三：展示木材在人类从原始农业进入传统农业漫长的过程中起着十分重要的作用，先民的衣食住行离不开木材的支持，并由此产生对木材的特殊情感和敬重。仇英《清明上河图》展现木材在传统农业社会人们物质和精神生活中的地位。

专题四至六：进入近代工业社会，木材利用面临新的挑战。随着生产力的提高，作为原材料、燃料的木材消费需求日益增长，而森林资源与往日相比已大为减少；新型材料——塑料、钢铁、水泥的兴起替代了木材的消费，但木材是唯一可再生资源，是其他材料无法替代的；人们对森林生态效益的需求逐步高于对其经济效益的需求，迫使近代社会调整对木材需求的传统观念。再认识

前　言

木材的自然属性，合理获取和利用木材，以符合森林可持续发展的需求。

专题七至十三：随着社会进步和发展，建筑、车舟、家具等多领域要以木材为其制造的基础材料，还包括室内装饰、木雕、匾额、家具等等，让人们进入木建筑内、车舟内接受木载体给予人的亲切情感。在我国源远流长的建筑史上，这充满柔性的木结构，造就了中国古建筑独特的造型和丰富形式。

专题十四至十九：木材是人类文化、艺术、民俗民风、游乐等精神生活许多方面的重要道具载体，它让人们的生活丰富多彩。木材不仅是木质物体，更是人们精神世界的神物，表达现代人对自然的崇敬。

专题二十：木材可培养菌类生长，为人类提供更多的食物和药用菌。

本书共展示800余种（套、枚）邮品，其中82%为邮票，8%为小型张、连票等，还有10%为封片类邮品。这些邮品分别是由100多个国家和地区发行的，其中中国大陆发行的邮品占27%，中国台湾的占6%，亚洲其他国家占15%，欧美等国占31%，联合国及其他国家和地区占21%。我们可以从中体察不同国家和地区因社会经济发展和风俗习惯等在木文化方面的差异，发行的邮品各具特色。

在邮品中，中国发行的世界遗产等明信片及一些个性化的邮票，弥补了邮政系统发行邮票涵盖的范围局限性。欧洲发行的欧罗巴邮票及有关国家发行的附捐邮票，都拓展了邮品的内涵，以满足广大集邮爱好者的广阔要求。

本书是一本专业类的科普书，给关心木文化的有关人员提供图文并茂的精神盛宴，也希望能得到集邮爱好者的青睐。

编著者

二〇一五年十月

目　录

目 录

目 录

专题一

古代物质木文明

木材支撑古代先民的生存与发展，人类由原始农业进入传统农业时期是古代物质木文明时期。

森林是人类的摇篮，人类从森林中走出来。森林以树木为主体，树木的基本构成是木材。古代先民使用木棒，钻木取火，构木为巢，开始了人类利用木材的先河。有学者提出“石器时代”之前，应有一个“木器时代”（陶炎，1994）。还有学者推算，这个时代大约在公元前360万年至公元前60万年。人类由采集渔猎生活走向农耕文明，进而发展到传统农业社会，在这漫长的历史进程中，木材起着不可替代的重要作用，人类就开始选取了以木为本的生活。

木材为人类原始农业提供燃料、原材料，使人类定居，过上安定的生活。当人类进入传统农业时期，发展了手工业，木材获取方便，是人类生产的重要原材料、燃料。木材便于加工，是人类发明创造的重要载体，如古文物木齿轮，它的广泛应用极大地提高了生产力，人类至今仍在使用。下面展示邮票上的木质古文物，体察先民生活时代的物质木文化。

一、原始农业时期人类对木材的物质利用

1.钻木取火

人工取火技术的发明是人类历史的一个巨大进步。由于人类掌握了火的使用，除了可驱兽避寒外，还可以烧烤熟食，不仅可减少疾病的发生，缩短消化过程，而且增加了丰富的营养，促进脑髓的进一步发展。火是人类最早支配的自然力，火的使用宣告了人类茹毛饮血的历史结束，把人类向文明的征途上推进了一大步。木材可摩擦取火，是最易着火的材料，木柴成为人类最早的生活和生产燃料。火的利用开创了人类薪材利用的林业发展史。

邮票燧人氏钻木取火（图1-1）。画面展示在远古的野外，燧人氏坐在地上双手往来搓动一根放在一块硬木板上的木棍，使棍末端与木板结合处发生剧烈摩擦，产生木屑，以致火星点燃一旁的木屑粉，燃起火焰。人们敬重和崇拜燧人氏，尊他为三宝（燧人氏、伏羲氏、神农氏）之首，奉为“火祖”。邮票土著——钻木取火（图1-2）。画面展示发现美洲500年时土著社会两妇女在钻木取火的情景。邮票土著——钻木取火（图1-3）。画面展示了一男子双手搓动放在一旁的木棍，正在摩擦生火的情景。

图1–1（中国台湾，1994）

钻木取火这一古老的取火方法，在我国海南的黎族和西南地区的古葱族人直到新中国成立前还在沿用。古人四季采用不同的木材钻木取火：春天取榆，称为柳火；夏天取枣，称为杏火；秋天取柞，称为楢之火；冬天取槐，称为檀之火。这些木材都能钻出火种来。如今在非洲一些地方至今仍保留着钻木取火的习惯，如布须曼人是将一撮干草放进木块的圆洞里，然后用双手快速转动一竖插在圆洞里的细木棍，不到5分钟就能把草点燃。有的地方以此为给外来游客表演的项目。

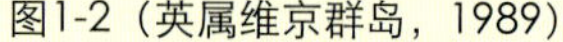
图1-2（英属维京群岛，1989）

图1-3（西南非洲，1978）

2.木棍树枝是先民采集渔猎选用的原始工具

当先民依赖猎取野生动植物为生时，传说发明用网捕捉和用弓箭射杀的人是伏羲氏，弓箭的材料取自树木或林中其他植物的干茎。邮票伏羲氏画八卦（图1-4）。伏羲是人类文明始祖，他教人作网用于捕猎，大大地提高了当时的生产能力；他教人驯养野兽，这就是家畜的由来；他创立八卦，把天、地、人之间复杂的相互依赖关系，变成符号系统留给后人，并推演出许多事物的变化，预卜事物的发展，始造书契，用于记事，取代了以往结绳记事的落后形式。画面展现四蹄的马已被驯化，陪伴在人身边，树上的鸟和地上的乌龟，一派人与自然和谐相处的生态景象。邮票印第安文化——划舟猎鸟（图1-5）。画面展示印第安人划木船用火土枪打鸟的场景。邮票狩猎（图1-6），画面展示一男子正在用弓射猎。邮票敦煌壁画狩猎·魏（图1-7），画面展示中国西北地区游牧民族猎人用木弓箭猎物。邮票古巴土著文化（图1-8），画面展示土著人借助木船、木桨，到河中捕鱼为食的场景。邮票划桨行舟（图1-9），展示公元前5000年至公元前3300年河姆渡遗址出土的行舟捕鱼时用的木桨。

图1-4（中国台湾，1994）

图1-5（加拿大，1953）
图1-6（西南非，1978）
图1-7（中国，1952）
图1-8（古巴，1985）
图1-9（中国，1996）

3.木材为人类原始农耕提供原始工具

先民经采集渔猎为主要生存手段之后，又经过许多年，人们发现了野谷子来年又长出苗子长成谷子，于是人们用木头制作一种农具来栽种谷子，这种工具叫耜，见邮票稻作农业（图1-10），展示河姆渡遗址出土的木柄骨耜及稻种。邮票神农氏制造工具（图1-11），画面为神农氏在荒野用木杈除草的情景。传说炎帝即神农氏，因天时，相地宜，斫木为耜，楺木为耒，开木材作农具之端，以教民树艺五谷，而农事兴焉。又辨百草之性，以疗民疾。邮票射猎农作东汉画像砖（图1-12）， 画面上半部分为射猎，下半部分为农作，农夫手持木柄镰刀收割，这种农具一直延续到上世纪后半期仍在使用。邮票原始人类生产与生活之一（图1-13），展示众人用木质农具点播种子的场景。

图1-10（中国，1996）

图1-11（中国台湾，1994）

图1-12（中国，1956）

图1-13（朝鲜，1992）

4.先民定居建屋

据考古学家发现远古人最早的人工遮蔽所是由树枝、树干、树叶等木本材料支起的人类生存空间。原始住宅以树干做骨架，呈圆形，外面包树枝、兽皮、树皮等。邮票丛林人狩猎生活（图1-14）。画面展示圆顶树枝屋。邮票印第安文化——划舟猎鸟（图1-5），也展示了以树干为骨架，外覆盖树皮、顶部有通烟口的原始房屋。邮票印第安文化——住房（图1-15），画面展示原始木质住宅的形式非圆形，这是由于应用条状材料、树干，使住房做成笔直的墙并形成长方形盒子状的一个

图1-14（西南非，1978）

封闭的空间，中间有一灶塘可以取暖，而毯子和席子既作为衣被，又是最起码的装饰。邮票干栏建筑（图1-16），展示河姆渡先民已能制成榫卯木构件和企口板加工，是木建筑的重大变革。邮票原始人类生产与生活之一票（图1-17），展示直墙的房屋，屋内有木板架可摆放东西，邮票框左边有屋和农具的标志。

图1-15（加拿大，1974）

图1-16（中国，1996）

图1-17（朝鲜，1992）

5.木材为先民提供生活用具和薪材

邮票朱漆木碗（图1-18），为新石器时代制作，距今有六七千年，木碗呈椭圆形，口径为9.2～10.6cm，底径为7.2～7.6cm。口部内收，腹线较深及圈足较高的造型；透出几分古朴，口部的残缺更表示出岁月的沧桑，而朱红色涂料尚存光泽，现藏浙江省博物馆。邮票彩陶罐（图1-19），系新石器时代最后阶段出土文物，距今约7000～8000年。当时已出现了农业和畜牧业，人类生活资料有比较可靠的来源，开始定居生活。彩陶是用黏土作为原料，制成罐形，表面用黑、红色颜料画上图案，然后放入火中烧制而成，而火来自柴草。邮票陶罐（图1-20），系公元前3200年的文物，现存放在国家博物馆。上述邮票中展现的取暖和烧煮食物都是由薪材提供的能源。

图1-18（中国，1993） 图1-19（中国，1950） 图1-20（丹麦，1992）

二、传统农业早期人类对木材的利用

传统农业早期（延续很长时间），是在工业化社会前，完全没有现代投入的前提下，主要依靠人力、畜力和当地自然资源的农业。木制农具代替了原始的石器农具，薪材作为能源促进了手工业的发展和金属冶炼的兴起，带动了人类衣食住行的变革。到18世纪随着工业的兴起转向近代农业，而在东方国家是在较晚时候才开始这一转变（中国一般认为约在1840年）。在中国传统农业延续时间十分长久，大约在战国秦汉之际已逐渐形成了一套精耕细作为特点的传统农业技术，一直延续到20世纪，工业化推动传统农业逐步进入现代农业。

传统农业早期时，木材是人们生产生活中的重要物资，这里借助邮品就农业、手工业、车舟、木建诸方面展示如下。有许多木构制品，经千百年改进或部分木材被其他材料替代，一直延续到20世纪中期仍在使用。

1.木制农业用具

木制农业用具包含一些农具的部分构件已被金属替代。邮票犁（图1-21），这是传统农业的主要农具，画面展示犁头由铁取代了木，但是支撑犁的架子仍需用木材，轻便结实。邮票鼓风车（图1-22），是主要的辅助农具，对谷物进行处理加工成食用粮食，它是木构造，其中一些零件已经由金属替代木。邮票牛转水车和踏车取水（图1-23），为最普及的灌溉设备，其带齿的木轮、木槽、刮水板及水车架子等均为木质，木材在流动的水中长久不腐。

图1-21（中国台湾，2001）

图1-22（中国台湾，2001）

图1-23（中国台湾，1994）

2.木制手工业用具

邮票造纸（图1-24），图案绘制蔡伦进行造纸的场景，原料有树枝，作坊中有许多木质器物。邮票瓷器修坯和烧窑（图1-25），画面展示做坯用的木轮，烧窑用柴正由烟筒冒出一缕白烟。再说作坊内的家具，造窑用的砖，也是由木与柴制成的。邮票脚踏纺车（图1-26），木制纺车有手摇的和脚踏的，轻便实用，可为家庭备用，至今仍在一些乡村使用。邮票制酒术（图1-27），展示用柴火烧煮制酒原料的场景。邮票中国古代冶金（图1-28）， 票面右下角为古代活塞式木风箱，能连续鼓风，转化冶炼过程。同时，木炭还是古老的金属冶炼的燃料。邮票活塞风箱（图1-29），活塞木风箱是中国公元前14世纪发明的。

图1-24（中国，1962）　图1-25（中国台湾，1997）　图1-26（多哥，1999）

图1-27（密克罗尼西亚，1999）　图1-28（中国，1997）　图1-29（多哥，1999）

3.木制车船用具

邮票周游列国图（1-30），画面展示了孔子端坐在一辆木制双轮牛车上，车上载满竹简，率弟子周游列国宣传其政治主张的场景。邮票独轮车（图1-31），展示中国公元前1世纪到公元前12世纪在农村广泛使用的木质车。邮票独木舟（图1-32），先民将巨大的树干用火烧，或用石斧加工成中空的独木舟，这是最古老的水上运输工具，它的踪迹遍布全世界。邮票漕舫（图1-33），这是一艘运粮用的木制帆船，船上装有帆，有蓬屋，有舵，有船夫用竹竿撑船。用木材制成的车和船便于人们出行和搬运货物。木材制成车轮，配以木架，形成车子；木材既轻便又有浮力，是早期造船的首选材料。随着工业化进展，车舟被汽车轮船替代，但在许多地方仍在沿用改进后的木质车舟，种类繁多，将在以下相关专题中展示。

图1-30（中国，1989）

图1-31（多哥，1999）　图1-32（中国，1982）　图1-33（中国台湾，1998）

4.木建筑与木质家具

邮票住宅建筑（图1-34），票面取自东汉画像砖拓片，展现厅、廊、院，后边院内有一座木质高楼，楼内可见楼梯，园内养有仙鹤。邮票中国古典文字名著——《三国演义》（图1-35），智激孙权票面展示诸葛亮端坐在画面的底部一角，孙权红色衣袖大幅度拂起；蒋干盗书票面展示蒋干起床偷看桌子上的文书，周瑜仰卧于床上。画面展示中国传统的木制家具，随着人们从席地而坐（见前面印第安文化——住房，朝鲜原始人类生产生活所示）到垂足坐的演进，中国传统家具式样由低矮到高型，名著《三国演义》反映了东汉到西晋时的家具式样。

图1-34（中国，1956）

图1-35（中国，1992）

三、木质古文物

木材是古代先民发明创造的重要载体，下面展示木制古文物。

1.中国古代四大发明

邮票造纸术（图1-36）。造纸术：公元105年蔡伦发明，以树皮、竹、草为造纸颜料，为后来木材造纸奠定技术基础；印刷术：元代王祯发明活字转盘，木活字用木制软盘排版，为后来铅字印刷打下技术基础；火药、木炭是制造火药的三大原料之一。邮票指南针[①]（图1-37），反映了指南针是由多个木齿轮组合而成。邮票记里鼓车·晋（图1-38），公元3世纪已出现了记里鼓车，利用整个齿轮系统借转动使木人击鼓以记里程。邮票水转连磨[②]（图1-39），公元3 -12世纪发明。邮票远洋航海工艺（图1-40），画面为公元15世纪郑和出洋的宝船，系木质船，其舵系公元 1 ～13世纪发明，船桅公元 2 ～14世纪发明。邮票珠算（图1-41），算盘由木和竹制成发明于公元10～14世纪。

图1-36（香港，2005）

注①取自利比里亚于1999年发行“公元1000～2000年远古中国的科学和技术”一版张邮票。
②密克罗尼西亚于1999年发行“公元0～1000年中国古代科学文明”一版张邮票。

图1-37（利比里亚，1999） 图1-38（中国，1953） 图1-39（密克罗尼西亚，1999）

图1-40（利比里亚，1999） 图1-41（利比里亚，1999）

2.其他木质古文物

中国的木质古文物种类繁多，这里仅选几张有代表性的邮品展示，而更多的在以下相关专题中展现。邮资片琉璃河遗址（图1-42），这是位于北京市房山县琉璃河燕国墓地，乃西周时期燕国贵族墓地，殉人与车马陪葬，画面展现所埋葬的车辆均为木制，双轮独辕。车轮的幅有18根的，有24根的。邮票战国·彩绘乐舞鸳鸯形盒（图1-43），系1978年湖北随州市曾侯乙墓出土，战国早期制作，此漆盒为木质，空腹，长20.1cm，宽12.5cm，高16.5cm，器背上有一带钮小盖，可开盖注水。鸳鸯首颈与腹身用榫连接，可转动，拔出首颈，榫眼可当出水口。盒身遍漆黑漆，用朱色绘出羽纹。现藏湖北省博物馆。邮票黑彩马（图1-44），系唐三彩。这是一种盛行于唐代的陶器，当时是作为一种冥器，曾被列入官府的规定之列。它是二次烧成，即先在1000～1100℃的窑内素烧，上釉后，于800～900℃的炉中再烧。这无疑要用木柴烧制。邮票上的唐三彩是1972年在河南洛阳关村的唐墓出土，现存中国历史博物馆。陶马高66.5cm，身高79cm，除头部、马蹄及尾部为黄色外，通体都是黑色，属极为罕见的稀世珍品。

图1-42（中国，1995）

图1-43（中国，1993）

图1-44（中国，1973）

外国的木质文物。邮票木制车轮及轮轴（图1-45）。据专家鉴定，该木制车轮由蜡木和柞木组成，轴线1.2m，厚5cm，迄今已有5200多年。邮资封国际博物馆日（图1-46），封右上图为有花纹的木制容器，左下图为馆藏公元前3200年至公元前2600年的木制双连碗。邮票公元前7世纪的木制四轮车（图1-47），为博物馆展品。邮票古董3枚（图1-48），分别为木犁、木制火炉和摇篮。

图1-45（斯洛文尼亚，2008）

图1-47（奥地利，1986）

图1-48（加拿大，1982）

Muzeul de Istorie
Piatra Neamț

History Museum
from Piatra Neamț

18 Mai - ZIUA INTERNAȚIONALĂ A MUZEELOR
May 18th - THE INTERNATIONAL DAY OF THE MUSEUMS

Destinatar

Vestigii eneolitice (C.Cucuteni) cca. 3200 - 2600 î.Hr.
Eneolythics vestiges (C.Cucuteni) about 3200 - 2600 B.C.E.

Codul	Localitatea

图1-46（罗马尼亚，1997）

专题二

古代非物质木文明

木材支撑古代先民的生存与发展，人类由原始农业进入传统农业之二，古代非物质文明。

前一专题展示木材在古代先民的生存发展中起着有形的作用，俗称物质木文化，这一专题则展示木材在古代先民的生存发展中起着无形的作用，俗称非物质木文化，它是人类对与木材有关的环境生活所持有的思想观念、理想人格、情感倾向。

木材的燃烧能发光和冒烟、击木有声，木材成为古代传递信息的重要物质。当人类发明文字后，用木牍传递信息。木与人类的密切关系，人们用成语、木雕表示人的企求爱好，并延续至今。木是中国古代一种物质观“风水”的组成部分，人们珍惜它，企求木的获取符合生态系统的自然规律。

下面借助相关邮品展现木材为人类交流所提供的光、声等信息传递，扩大了不同地方的人们的交流；人们用含木的成语赞美木，并广为流传；木可雕刻成人物等工艺品，以寄托思念供人敬拜；木源于树，可保持水土、保家园，被人视为神树，木是风水五种要素之一。

一、木材燃烧烟火传递信息

中国的烽火台是古代用木柴（或柴草）点燃以烟火传递信息（白天施烟，夜间点火），系古代重要军事防御设施，最古老但行之有效的“土电报”。据史记记载，约2700年前就有了利用烽火传递信息的办法。邮票万国邮政联盟成立一百周年（图2-1），画面展示在古代中国用烽火通信，万里长城上的烽火台就具有通信的作用，以报告过境的信息，它展示中国邮政事业的悠久历史。小型张汉·克孜尔朵哈烽火台（图2-2），这是古代丝绸之路上年代最早、保存最好的汉代烽火台遗址。烽燧上部以木柱为骨架，顶系土坯叠砌，上建望楼，木棚残迹亦存。据发掘出土的“汉简”，可知在两汉时期（公元前206年至前188年）从甘肃直到新疆罗布泊，都有烽火设置，这种通信方法直到明清时代还有许多地方在使用。该小型张边饰选用了东汉初年《塞上烽火品约》中的条文。邮票第22届万国邮政联盟大会（图2-3），画面展现长城沿线的几个烽火台。据报道，河北蓟镇总兵戚继光在《练兵纪实》中

图2-1（中国，1974）

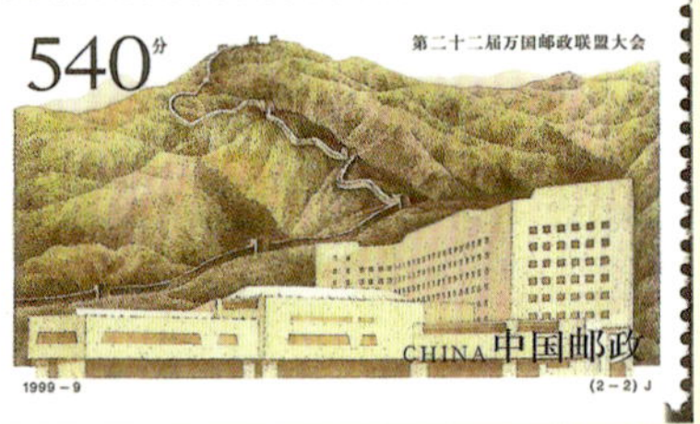

图2-3（中国，1999）

图2-2（中国，1994）

讲，……烽火台是白天点狼粪，晚上烧柴草，白天烧狼粪用烟比较明显，晚上烧柴草火光报警。

信息传递的历史演变。邮票信息传递的变迁（图2-4），画面展示原始人的岩画情景、快马飞报及烽火，邮件和电话，以及未来信息传递。邮票国际集邮及邮政技术展览（图2-5），画面展示古埃及人用火传递信息，以及现代用火箭传递信息。

图2-5（摩纳哥，1964）

图2-4（韩国，1998）

二、木材击声共振传递信息

先民从敲击空洞树木获得声响得到启发，将原木段挖空，用木棒敲击开创了木鼓。远古传说中说，尧帝为了鼓励人民提意见，曾设置了木鼓。谁有建议或不满，可以击鼓示意。这种方法与至今尚在非洲大陆流行的“鼓邮”颇为相似，那里的鼓手能在两面或多面敲上敲击出不同的声音和节奏，表达不同的语言，以传递信息。邮票通信年：斐济早期通讯和喀麦隆击鼓通信2票（图2-6），画面均展现了木鼓传递信息功能。斐济的木鼓取材于当地丛林中的一种称作vesi硬木（印茄木，俗称菠萝格），木质乌黑，坚硬而经久耐用。木鼓最早是用来传递信息的，而今成为重要的社交礼仪和斐济文化的象征。传统的木鼓形体粗大，一般长1.5～2.0m，粗端直径0.5～1m，原木中部纵面挖一狭长音孔，距两端各20cm，孔宽6～12cm，如图2-6邮票画面所示。在我国木鼓是佤族人民崇拜的神圣之物，认为木鼓是“通神之器”、“通天之鼓”、“生命泉水，兴旺靠木鼓”。

图2-6（斐济，1983；喀麦隆，1983）

后来古人用一段中空的树干，一端蒙上兽皮做鼓面，用棍敲槌。《考工记》有记载，在春秋时期我国把鼓作为军事通信工具，著名军事家孙子在《孙子兵法》中称古代战争中：“夜战多火鼓，昼战多旌旗”。鼓除军用外，还有祭天、报时、通讯等多种用途。明信片（图2-7）展现天坛祭天时用的乐器——编钟和鼓。天坛是皇帝祭天和祈祷丰年的地方，画片展现一面清代制造的木质大鼓，面径1.5m，高约2m，是过去皇帝祭天使用的，大鼓由两根较粗的木槌敲击发声。邮票增冲鼓楼（图2-8），鼓楼是侗族村寨或族性的象征、是侗族文化的象征，是侗族人民遇到重大事件击鼓聚众、议事、“起款”的会堂。鼓以桦树作身，名为桦鼓，安放于楼顶部或底层。鼓楼集塔、亭、阁建筑特点于一体，为重檐塔式。邮资片兴城钟鼓楼（图2-9）。古时候很多城市都建有钟楼和鼓楼（或钟鼓楼），白昼叩钟报时，夜间击鼓报时。兴城古城的钟鼓楼，始建于1454年，于1777年依原址重建，钟鼓合为一楼，俗称“钟鼓楼”。钟鼓楼顶层正中有一面大鼓，是用整张牛皮制成的，鼓直径2.25m。邮票海岸祭神击鼓（图2-10），画面展示一戴面具的男子在木浦海岸用力敲击祭神用的大鼓。我国沿海岸至今仍延续敲鼓祭海神的习俗，特别是在渔汛期开始和结束时举行。

图2-8（中国，1997）

图2-7（中国，2010）

图2-9（中国，2001）

图2-10（日本，1970）

邮资封老北京风情——打更的（图2-11）。打更是我国古代的一种夜间报时制度，由此产生的一种巡夜的职业——更夫，俗称打更的。打更人一手拿着梆子，用木槌边走边敲，梆子是竹子或挖空的木头制成的，中空，因之声声响亮，清脆而有冲击力。

三、木牍文书传递信息

古人发明了文字和木牍，借驿使传递文字信息。邮票驿使图（图2-12），票图取自甘肃嘉峪关——墓室壁画《驿使图》（公元220～420年），展现一驿使骑红鬃马，一手持缰绳，一手举木牍文书，飞驰传递。

图2-12（中国，1982）

图2-11（中国，2008）

四、涉木成语、故事和雕塑

成语是语言中经过长期使用、锤炼而形成的固定短语。与木相关的成语邮票很多，邮票卧薪尝胆（图2-13），《史记·越王勾践世家》载：春秋时，越国被吴国打败，相传越王勾践回国，后坐卧于薪草之上，“苦身焦思，置胆于坐，坐卧即仰胆，饮食亦尝胆已”。形容刻苦自励。勾践回国后励精图治，以报仇雪恨。为告诫自己不要忘记复仇，他选择了在乱柴堆上睡觉；屋里悬挂一枚苦胆，吃饭、睡觉前先尝苦胆之味。经十年艰苦奋斗，越国强盛了。民间故事邮票雪中送炭（图2-14），宋·范成大《大雪送炭与芥隐》诗，比喻在别人困难和急需时给以帮助。邮票三余勤读，选自《王国志·董遇传》（图2-15），董遇利用三种剩余的时间勤读，即冬天是一年的农余时间，夜晚是白天的剩余时间，下雨的日子一年四季都有剩余，画面展示天尚未亮时董遇挑一担柴途中休息时读书。

图2-13（中国，2010；中国澳门，2001）

木雕是以木为载体，展示寄托雕刻对象的心愿。木雕遍布世界各国。我国最早在原始社会时就有不少初具雏形的木雕工艺品，秦汉时有较大的发展和提高，经唐宋至明清，木雕作品日趋完善。如龙舟的龙头木雕犹如图腾一直延续至今。这里仅展示邮票虎座鸟架鼓（图2-16），更多

图2-14（中国台湾，1980）

图2-15（中国台湾，1974）

图2-16（中国，2004）

的木雕在下面专题中展示。如邮票下方文字所述，此鼓系战国时乐器，为金丝楠木雕刻，鼓架通高162cm，长140cm，宽26cm，堪称古代最精美的木漆器，现藏于河南省博物馆。邮票木床架（图2-17），这是为奥斯堡舟冢（系维京古船，俗称海盗船）出土百年发行的，古挪威人以精美的木雕用品寄托对亡者的纪念。邮票木雕船首（图2-18），瑞典根据打捞的1745年沉船遗骸木雕残片，证实当年船头的雕饰的外形是一头雄狮，这是18世纪最流行的样式。新哥德堡船头雕饰是用松木（代替了过去的橡木）切割雕刻成一头威风凛凛的雄狮，足有3.5m高，用后腿站立着。这只狮子重达1200kg，由三部分组成一体，构成了船首的装饰形象。

图2-17（挪威，2004）

图2-18（瑞典，2003）

五、木的获取和使用要符合自然规律

五联票风水——木火土金水（图2-19）。五行即金木水火土五种基本物质及其运动变化，是中国古代的一种物质观。认为大自然由五种物质构成，随着五个要素的盛衰使得大自然产生变化，不但影响人的命运，同时也使宇宙万物循环不息。可以说是一种原始的普通系统论。这五种基本物质之间也存在着相生相克的关系。如水会使树木生长，也会使土质流失，而木按照“木克土”的道理来克土，这就是自然的循环状态。中国人认为人是万物之灵、天地造化之首，而建筑为人所居，乃天

FONG SOI 風水

图2-19（澳门，1997）

地阴阳相聚之处，故而建筑须得天地之气，选用木头为主要建筑材料就是很自然的事情了。与此同时，在山区的少数民族又特别敬崇树，称其为神树而克制对木的利用。这里以哈尼族为例，如邮资明信片元阳梯田（图2-20）所示。14世纪明朝时，哈尼人在海拔1500米的茂密原始森林中哀牢山区开辟了元阳梯田。几百年过去了，如今这里森林覆盖率约75%，梯田占20%，森林在高山上形成了无数小溪、清泉、瀑布和水潭，为梯田提供水源，形成了江河——森林——村寨——梯田共存的人与自然高度协调的、可持续发展、良性循环的生态系统，是千百年来哈尼人生息繁衍的美丽家园。明信片显示，每个村寨上方必有茂密的森林，提供水、用材、薪柴之源，其中以神圣而不可侵犯的寨神林为特征；村寨上方是层层相叠的梯田，为哈尼人提供生存发展的基本条件——粮食；中间的村寨是由蘑菇房组成的居所，由土基墙、竹木架和茅草组成，很少用木料。可见哈尼人对森林的珍惜。

图2-20（中国，1997）

专题三

仇英《清明上河图》中木材的作用

明代画家仇英仿作的《清明上河图》，采用青绿重彩工笔，描绘了明代苏州热闹的市井生活和民俗风情，该画长达9.87m，高0.3m，画中人物超过2000个。山东潍坊市邮票公司与青州博物馆、青州市邮政局合作发行鲁YP0207《清明上河图》17连幅邮资片。画面将400多年前的明代苏州城和江南的风俗人情尽现在读者面前。在描绘的千余人中，男女老幼、士农工商，可谓形形色色，毫无雷同。房屋建筑规整宏大，崇楼台阁、深宅大院，连商铺的门面也颇为宽敞，画中裱画店、银楼、香楼、古玩瓷器店等，正是明代新兴的手工业，加之艺伎歌舞弹唱、校场骑射练武等场面，一副历史与现实结合的风俗画跃然纸上。17连幅邮资片，大致分东郊、虹桥、城内、西郊四段。这里选用第6（图3—1）、9（图3—2）、10（图3—3）、11（图3—4）、12（图3—5）、13（图3—6）片展示如下，并分专题解释木在明代苏州城建和人民物质文化生活中的作用。

一、木构建的商铺林立

邮资片9（图3-2），大桥左下角木行，一堆原条供人采购，画面有人买了一根原条行走在街上。苏州的建筑以木构建为主，外加砖墙。邮资片13（图3-6），展示了一木构屋架竖在地上，有两人正在锯木板，有一人在屋顶施工，房屋不远处有人挑着一担泥土给施工者送料，展现木建屋的场景。邮资片9～12（图3-2至图3-6）显示商铺林立，有米行、油坊、漆器铺、酒器铺、写字铺、打造铁器，有书坊、裱画店，古今名人文集诗集、琴行，有驿店、屠宰店、租赁店等。每一商铺都设置不同的柜台、橱、桌、凳等木家具，还挂木匾额店名牌，以招揽顾客。

二、木构建的衙门、寺院、私塾和民居布及城内外

邮资片6（图3-1）显示城外木材搭建的戏台，吸引众多观众看社戏。近处的翠柳青松间有弹宫寺院。邮资片11（图3-4）显示，入城右首为防守城门的公所衙门，系木构屋；转入内巷有私塾，有“世登两府”学士牌楼宅院，还有青楼、歌榭，有高高粉墙的深宅大院。上层一女妓在弹唱。屋顶有人在晒香，展示手工制香业。这些房屋建筑系木构件，室内各式木家具，木材支撑着苏州城居家的生产生活。

三、木桥及木质舟、车方便人们的出行

苏州属水网地带，在河道上建起了石桥，而众多小溪则搭建木桥，如邮资片9，13（图3-2，3-6）所示。木船是水网地带航行便捷又经济的运输工具，如邮资片6、10、13所示，有装运货物的木船，也有载客人的木船，当木船靠岸时河水不深只得靠纤夫拖拉木船，如邮资片6左上方所示。流行于北方的独轮车也在苏州街上出现，邮资片13可见有二人各推一辆独轮车。轿子这一古老的运输工具在邮资片6，12（图3-1，3-5）出现，其一系迎亲的轿子。木质舟车为人们交往提供了不可缺少的交通工具。

四、木材为城郊农作提供生产工具

图3-1（中国，2000）——邮资片6

图3-2（中国，2000）——邮资片9

图3-3（中国，2000）——邮资片10

图3-4（中国，2000）——邮资片11

图3-5（中国，2000）——邮资片12

图3-6（中国，2000）——邮资片13

邮资片6（图3-1）展现城郊的农田中，几个农夫用木把农具在劳作，溪边有一小棚有两个农夫用木质水车车水溉田。邮资片12（图3-5）展现桥下有木船载鱼鹰在捕溪中的鱼。可见城郊农业生产离不开木材为之提供生产工具。邮资片10（图3-5）展现在一座石桥右边木栅栏里有几个人在打铁，木炭为铸铁提供能源。

五、木质园林建筑构成苏州明清园林的独特风格

明清时苏州园林的独特风格和高超的造园艺术，一直保存到现代。在古代园林中，有山有水、有堂、廊、亭、榭、楼、台、阁等建筑，顺其自然，亦与人们住宅、商铺等建筑相呼应。邮资片10左—11—12右（图3-3至图3-5）所示，邮资片11右下的宅院内拥有奇石、古树；11右上商业区中有“世登两府”学士牌楼宅院；11左—12右有长廊，在粉墙里有高悬“武陵台榭”的雕梁画的高楼阁，上一层女妓在歌舞弹唱，粉墙内外可见奇石古树，展现苏州园林与市民生活融为一体。

六、木材是苏州文化繁荣的载体

苏州评弹是一门古老、优美的说唱艺术，在明代已有说书活动，邮资片10图3-4可见，一女子手持琵琶弹唱。琵琶由木材制作，明代苏州已出现以生产乐器闻名的乐鼓巷（即今史花巷南小街），邮资片11（图3-4）有一制乐器的店铺。邮资片12（图3-5）有一盲人身背琵琶，系卖艺人。这是苏州历史悠久的琵琶乐器和说唱艺术的写照。

古代清明节伴随着扫墓，还要进行多项活动，如荡秋千、踏青、植树等。邮资片11展示一木架的秋千，一女子正在荡秋千。邮资片9（图3-2）展示桥边一挑夫卖花木的情景，为居民植树种花服务。

苏州街的商铺有裱画的、卖诗书集的、漆器等文化艺术用品，城外戏台喜迎众多苏州人翘首看戏……，商铺及内室家具、戏台等无不需要木材搭建，木材为苏州繁荣文化起到重要的作用。邮资片正是展示了苏州人衣食住行和很多方面的木物质文化，同时也展示了苏州的园林、艺术、娱乐、学校、寺院方面的非物质木文化，让人们重温明代古苏州繁华景象。

专题四

对木材自然属性的再认识

进入近代工业社会，随着生产力的提高，对木材作为原材料、燃料的消费需求日益增长，而提供木材的森林资源与往日相比大为减少。与此同时，人们对森林的生态效益的需求又高于对森林经济效益的需求，迫使近现代社会调整对木材需求的传统观念，同时需要建立有效的制度，以求全球生态平衡。

工业社会，木材作为通用的生产生活材料，已在许多方面被金属、塑料等材料替代，但是木材仍是近现代工业的基础材料（塑料、钢铁、木材、水泥）之一，而且是唯一的可再生资源，具有替代其他多种资源、材料的现实可能。木材的这一特点，符合可持续发展的需求。

以下借助相关邮品分三个专题展示对木材自然属性的认识、木材的获取和木材的利用史。

木材是能够次级生长的植物，如乔木和灌木所形成的木质化组织。木材是维管形成层向内的发展出植物组织的统称，包括木质部和薄壁射线。俗称木材是树木采伐后经过初步加工的树干和大枝。科学认识木材以便更合理的利用木材。以下借相关邮品多方位认识木材，即是木材的植物特性，木材有软材和硬材之分，木材是现代工业的基础材料；木材的内部构造；木材的生成和保存年代；木材的化学组成；木材是林产化工的原料。

一、木材的植物学特性

木材是能够次级生长的植物，如乔木和灌木所形成的木质化组织。这些植物在初生生长结束后，根茎中的维管形成层开始活动，向外发展为韧皮，向内发展出木材。木材是维管形成层向内发展出植物组织的统称，包括木质部和木质薄壁射线。俗称树木的树干部分。

邮资片（图4-1），图案右侧为树干的外观和结节，左侧为树干及未脱落的树枝痕迹，均为树木树干木质部的纵向形态。小全张（图4-2），含5种树木的树冠和树干，上排左为马钱科灰莉属，上排右为漆树科人面子；下排左为使君子科揽仁树，

图4-1（瑞士，2000）

下排中为龙脑香料龙脑香，下排右为含羞草科雨树。小全张（图4-3），含5种树的一段树干和树皮，上排左为梧桐科翅散华子，上排右为龙脑香料小肋龙脑香；下排左为龙脑香料望天树，下排中为木榧科皮塔林属，下排右为龙脑香料龙脑香。两张小全张均是马来西亚于2000年为国际林业研究组织联盟（IUFRO）第21届大会召开发行的。

图4-2（马来西亚，2000）

图4-3（马来西亚，2000）

二、木材的分类

木材可分为针叶树材和阔叶树材两大类，俗称软材和硬材，均可直接利用其原木或加工成板材。针叶树其树干和树冠通常接近圆锥体，其木材纹理通直，材质轻软，结构细致，不开裂，为优良用材，适于作结构用材。邮票美国白松和台湾峦大杉（图4-4），均为针叶树，树干高大，木材纹理通直，为优良材种。阔叶树其主干呈圆锥状，枝条多，形状多姿多彩，木材坚硬，纹理色彩美观，适用于作装修用材。邮票橡树雕刻版（捷克）和邮票红柳桉雕刻版（菲律宾）（图4-5），均为阔叶树，木材质地坚硬，为优良材种。邮票树木（图4-6），红木和檀香珍贵树木，从右到左分别为厚壳树科的、黄檀属的、五裂木科及桃花心木。这些树的树干通直，少树枝，出材率高，木材可直接利用或加工成各类板材。

图4-4（美国，1978；中国台湾，1992）

图4-5（捷克，2000；菲律宾）

图4-6（洪都拉斯，1969）

三、木材的内部构造

邮资封林产品实验室75周年（图4-7），图案展示木材的内部构造，左下方图为横断面和从原木剖开的三块方材，其中左1块可见径切面，右1块可见弦切面。封右上方展示木材结构解剖面，即树木的细胞结构。木材是植物体，其内部构造因树种不同及生长环境不同而有差异，这里展示的只是一个模式。

极限片木材年轮（图4-8）。片上从左到右4个原木断面，其年轮圈约为30多年、40多年、30多年、50多年不等，同一断面在不同年龄段的年轮宽窄也有差别。每一年轮由两部分组成，色浅的部分称早材（春材），材质疏松；色深的部分称晚材（秋材），材质较密。片上邮票展示原木断面色泽差异，从左到右分别为深褐色、黄色、淡褐色、红色和黑色。片中还可以分辨木材靠髓心的部分称心材，靠树皮的部分称边材，二者的木材材质是有差别的。邮票树干模式年轮（图4-9），也展现了树木及其年轮。木材的硬度差异，色泽多样，纹理各异，香味有无等等的存在，给人们在选用和加工木材时留有自主选择的空间。

邮票树木及其木材（图4-10），票左为带树皮的树干，中为树木，右为该树一段木材。4票从右到左分别为海棠属的、揽仁树属的、香椿属的和人心果属的。洪都拉斯位于中美洲北部，森林覆盖率为54%，沿海为热带雨林气候，山地属亚热带森林气候。4种树木的木材色泽和纹理各不相同。香椿属的树干通直无节少疤，材色红润，纹理清晰，刨面光亮美丽，气味芳香，在国际市场上享有“桃花心木”之美称。人心果的木材坚硬耐用，红褐色纹理，树皮含有乳汁树胶，票面图示割胶，其树胶是制造口香糖的主要原料。

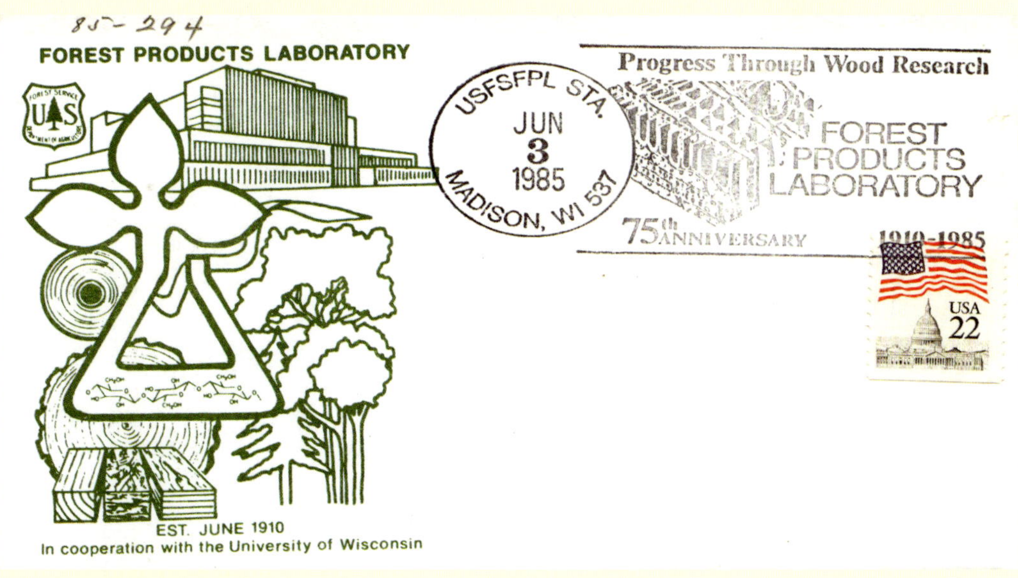

图4-7（美国，1985）

图4-8（列支登士敦，1982）

图4-9（毛里求斯）

图4-10（洪都拉斯）

联合国将2011年定为“国际森林年”，旨在唤起人们的意识，促进在森林管理、保护和开发方面开展全球性的活动。2011年欧罗巴邮票（图4-11），图案为桦树及云杉树干纹理，画面展现两块色彩、纹理不同的木材断面，如画一样的神韵。欧罗巴邮票（图4-12），图案为木材横断面年轮纹式。科学认识木材的内部结构，以便人们根据需要合理选用和加工木材，创造使用效益和艺术效果。

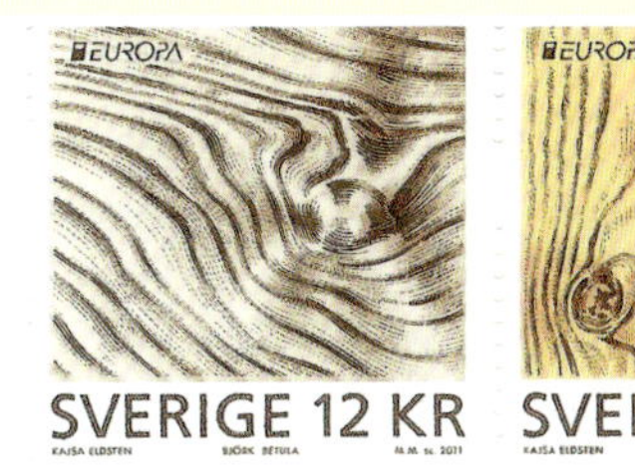

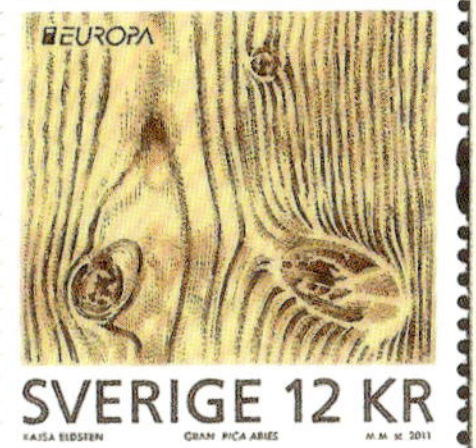

图4-11（瑞典）

图4-12（冰岛，2011；摩尔多瓦，2011）

四、木材的生成和保存

木材的生成指树木生长到可以作为人类利用的时间，因树种及其所在地域的差异而相差极大，如原始天然林中的树经上百千年才被人所利用，一般的树也得经几十年方可利用其木材，而人工林，特别是工业人工林，则需要十多年或几年就可利用其木材。木材的保存年代也各有不同，一般说木材是易腐的材料，但经人工处理也能保存上百上千年，如海底沉船、古墓木棺。硅化木则可达上亿年之久。

图4-13（德国，2003）

邮票硅化木（图4-13），这是形成于2.9亿年前一次火山喷发，至今仍竖立在原地，由活立木变成硅化木，俗称木化石，其木材的内部构造仍保存下来。邮票硅化木（图4-14），展现树木横断面年轮纹理清晰，木化石为古地质、古气候研究提供了一条特殊的时光隧道。邮票胡杨木（图40-15），胡杨是沙漠中的落叶乔木，主干挺拔，木材不反翘，木质纤维长，是当地的主要用材树。胡杨活一千年不死，死一千年不倒，倒一千年不朽。邮票巨无霸神木（图4-16），是台湾十大神树之首，属红桧树，树高55m，树围25cm，为千年老树。个性化邮票泡桐人工林和落叶松人工林（4-17），为短伐期的阔叶林和针叶林，人工培育，为特定的工业定期提供原材料， 如工业造纸用材林。

已使用过的废旧木材还可以再利用，如美国利用旧木重新造屋，欧洲发达国家利用废料生产板材，日本废旧木材回收利用率高达82%。在美国有人称其为“被拯救的木材”。我国废旧木材的利用率低，存在较大的利用潜力。

图4-14（美国，1974）

图4-15（中国，1994）

图4-16（中国台湾，2000）

图4-17（中国，2005）

五、木材的化学组成

木材是林产化工的原料，有的木材具有保健功效。木材的化学组成因树种、树木生长环境而异。①木材纸浆造纸是林产化学工业中的重要产业。邮票欧洲山杨和桉树（图4-18），这两种树为造纸工业提供木材。②树木提取物加工。邮票割取橡胶树汁（图4-19），橡胶树汁是工业橡胶制造的重要原料。③木材富有独特的香气，为人体健康提供保健功效。邮票大叶樟（图4-20），樟木具有抗菌、通经络、止痛的作用，是医药工业的原料。用樟木制箱，可防虫蛀。邮票刺柏和柏树（图4-21），柏木具抗菌、镇痛的作用，木材含精油为强力杀菌剂。邮票红豆杉（图4-22），中国邮票上的红豆杉生长在福建省。红豆杉的树皮、木材可提取紫杉醇，被世界公认为濒临灭绝的天然珍稀抗癌植物。邮票李科植物（图4-23），该植物为药材。

图4-18（芬兰，1969；塞内加尔，1996）

图4-19（泰国1970）

图4-20（新加坡，1996）

图4-21（中国台湾，1992；西班牙，2006）

图4-22（保加利亚，1996；中国，1995）

图4-23（埃塞俄比亚，2004）

邮票葡萄酒酿造——酒窖及酒桶2枚（图4-24）。橡木酒桶，橡木具有稳定和增加葡萄酒颜色的好处，使酒色鲜明；橡木含有单宁、橡木内脂、糖类物质、芳香醇、香草5种物质；它具有柔化酒的作用。票1展示存放在30～40℃酒窖中的橡木桶，票2为放置在外的橡木桶和酒瓶。

木材具有其他材料无法比拟的环境学属性——木材的视觉、触觉、听觉、嗅觉特性及调节特性，在以下相关木制品实物中展示。

木材是人类生活中不可缺少的材料，有较高强度、容易加工的特点，且某些树种木材纹理美观。但木材有容易变形，易腐、易燃、质地不均匀，各方向强度不一致，且带有天然缺陷等问题。全面认识木材的自然属性，方能正确使用木材。

图4-24（马德拉，2006）

专题五

木材的获取

木材取自地球陆地上的森林。森林是可再生资源，为使森林在全球可持续经营，联合国规定了世界地球日、世界环境日，联合国粮农组织还定期召开由国参加的林业会议，以协调全球林业行动。木材在全球、在各地分布不均，需要经采伐、运输、贸易将木材运销到需要的地方。下面借助相关邮品展示木材取自森林，木材的采集运，木材贸易。

一、木材取自森林

木材是资源永续性的材料，取自地球陆地上的森林。邮票森林和木材（图5-1）。早先地球三分之二的陆地曾被森林所覆盖，先民只知道采伐利用，靠树木自然更新。经千百年的开发利用，天然林大量减少，到18世纪德国人提出要让森林永续经营，在依赖天然更新外，发展人工林，以满足人们对森林不断增长的木材需求。20世纪以来，木材需求骤增，自然环境变坏，为了保护人类生存的环境；1972年联合国提出“只有一个地球”，全球人民都要为保护地球而努力；1991年提出了森林可持续发展；迈向21世纪，提出“森林——生命之源”，“森林·未来世界的遗产”的口号。

图5-1（圣马力诺，2011）

1.善待地球，科学发展

地球陆地现只剩下40.38亿公顷森林，森林是陆地生态系统的主体，为保护森林，防止植被遭到严重破坏，1972年在瑞典首都斯德哥尔摩召开“联合国人类环境会议”，瑞典为此发行了“只有一个地球”邮票（图5-2），票面图案为地球、人、绿色植物，此图案已成为联合国环境规划署徽志，票面左边用世界六种文字写“只有一个地球”。1992年联合国在里约热内卢展开了有史以来第一次地球问题首脑会议——环境与发展会议。同年中国为联合国人类环境会议20周年发行邮票一枚（图5-3），当年的世界环境会议日主题为：只有一个地球，关心与共享。图案的主体形象是一枚洁白的鲜花扎根于洁净的土地上，并在几片白云的映衬下，迎风盛开；在蔚蓝色的天空中，鸟儿展翅自由飞翔；在绿色丛林里，出现二个音符，仿佛众多的动物在共鸣；在清澈的水中，鸟儿自由游动着。邮票世界地球日（图5-4），票面以彩色为主基调，一双捧托姿态的手势体现：保护地球，节约能源，保护环境，爱护地球，需要人人从我做起，从手头做起。邮票树状地球（图5-5），这是为国际地球年发行的，以告诫地球人保护资源、善待地球。

图5-2（瑞典，1972）

图5-3（中国，1992）

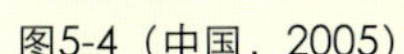
图5-4（中国，2005）

图5-5（捷克，2008）

2.森林可持续经营

图5-6（芬兰，1949年）

森林是独特的可再生资源，可持续的森林经营是保障森林可持续地为人类提供可再生和对环境无害的森林产品及服务的基础。森林在全球可持续发展中的重要性和它的战略地位已经是国际环境政治的焦点之一。联合国粮食及农业组织于1943年在美国召开的一次国际会议上提出，世界林业大会作为联合国的一种特别组织，每6年定期召开一次，每一次大会的主题作为世界林业发展共同关心的行动指南，其主旨就是针对全球森林生态的热点问题，开展广泛的交流与合作，协调各国政府对森林问题的认识。下面展示其中的几次林业会议发行的邮票。1949年在芬兰赫尔辛基召开的“热带林业”主题会议，发行2枚邮票为地球和热带树、森林和木材加工厂（图5-6）。1960年在美国召开的会议，主题为森林多目标利用，邮票（图5-7）图案以地球和树为中心，下方周围是动物、流水、伐木工、伐根和斧头等，以示既要采伐利用木材，又要发挥森林多种资源的利用。1978年在印度尼西亚召开的会议，主题为：森林为人类。邮票（图5-8）图案展现森林为人民的主题思想。开始强调森林服务的职能，指出必须在统一的综合体中计算全部林产品和森林效益。1991年在法国召开的会议，主题为森林资源如何为社会的综合发展服务，邮票（图5-9），图案以各类树木为中心，左右两边展现乌龟、鱼、虫、菌、花等生物多样性靠森林繁衍生息。

即使一个国家发行的邮票，也有突出一个地球的宗旨的，如西班牙1966年发行的第六届世界林业大会（图5-10），票面图案为一个地球和一棵树木。小型张德国森林保护协会50年（图5-11），以保护生物多样性为宗旨，展现森林是众多动植物的生存处和繁殖地。

图5-7（美国，1960年） 图5-8（印度尼西亚，1978年）

图5-9（法国，1991年）

图5-10（西班牙，1966）

图5-11（德国，1997）

二、木材的合理采集运

木材是不规则的笨重的产品，从森林中获取，在采伐树木时还需为伐后的森林更新创造条件，是一项特殊的生产项目。为保证森林可持续经营，许多国家都实施森林采伐许可制，我国《森林法》明令实行木材限额采伐，国家林业局颁布木材采伐管理制度，以保证合理采伐及时更新。以下的相关邮品展示木材的采伐和运输。

1.木材的合理采伐

邮票环保（图5-12），票面展示森林、伐倒木造材及右上角一人正在植树，以示采伐不仅为了获取木材，还要及时更新采伐迹地，以恢复森林资源。邮票森林和伐木2枚（图5-13），分别为森林下部有小树生长，伐倒木要注意倒向以保护小树。邮票伐木4枚（图5-14），票面展示：①伐木是一项十分危险和繁重的作业，由早期的斧子采伐改为油锯伐木，极大地降低了伐根，不仅提高了伐木效率，也提高了出材率；②伐木工头戴安全帽，以保生产安全；③伐木时注意伐木倒向，如特兰斯凯票所示，有人用木杆支撑伐倒木的倒向；④规范的伐木劳作，安全生产，又为更新创造条件。

图5-12（委内瑞拉，1968）

图5-13（瑞典，1959）

图5-14（加蓬，萨摩亚，1970；南非特兰斯凯，1976；中国，1958）

2.集 材

早先集材主要靠自然力——水上放排和畜力。邮票大象集材和邮票牛集材（图5-15）、邮票马拉雪橇集运材（图5-16）。随着工业化进展，以拖拉机和架空索道替代畜力集材，由原木集材改为原条集材，提高木材的出材率。邮票拖拉机集材和架空索道集材（图5-17），架空索道集材可以在不损害地被的条件下集材，更有利于更新。

图5-15（越南，1969；特立尼和多巴哥，1980）

图5-16（斯洛文尼亚，2008）

图5-17（捷克，1956；越南，1969）

3.运 材

有陆运和水运。（1）陆运。邮票汽车运材（图5-18）。汽车运材一般装原木，随着汽车的改进和路况的改善，改为原条运材，提高了木材利用率。邮票火车运材（图5-19），为原条运材，提高了木材利用率和运载效率。图中展示的为森铁专用线，当伐区森林资源减少到一定程度，森铁就被公路所替代，如今森铁已成为历史遗物，少量留作为旅游服务。（2）水运。邮票水运2枚（图5-20），把木材扎成排，借用木材自身的浮力运输，这是古老的木材运输方式，在水系发达的国家和地区广泛使用木材水运。邮票之一展示在伐区上游的急流中放排的场景，另一票展示一轮船在江中拖运木排。水运木排成本低，特别是远距离运输。

图5-18（巴拉圭，1961）

图5-19（斯洛伐克）

图5-20（越南，1969）

三、木材贸易

地球陆地各国的森林资源丰缺不等，各国对木材的需求也极不相同，因此需要借助于国际木材贸易调节余缺。全球有20%的木材需求靠国际木材贸易。为在全球实施森林可持续经营，20世纪90年代开始实施森林认证，这是一种运用市场机制来促进森林可持续经营，实现生态、社会和经济目标的工具。它包括森林经营的认证和林产品产销监管链的认证。

(1) 邮票口岸运输（图5-21），图案为中国满洲里口岸从俄罗斯进口一列火车木材，这是我国陆路进口木材最近的地段之一。据2006年报道，中国已成为世界第二大针叶树原木进口国，仅次于美国，而俄罗斯出口的针叶树原木占中国进口量的70%。随着木材加工业的发展，中国成为木制品出口第一大国。

图5-21（中国，2006）

(2) 邮票海轮运材（图5-22），邮票海港轮船装卸木材（图5-23），展现海船装卸和运木材的场景。邮资片水上贮木场（图5-24），展现一批批原木排等待海轮编排海运到木材购买国，这也是水上贮木场。

(3) 邮票木材交易会标（图5-25）。

图5-22（巴拉圭，1961）

图5-23（刚果人民共和国，1962；萨摩亚，1971）

图5-24（加拿大）

图5-25（奥地利，1976）

专题六

木材的利用史

回顾对木材利用的历史，最早被人类利用的是薪材，作为生活生产的主要能源。随着生产工具的发明，木材成为人类生活生产用具，乃至住房的基础材料，如第一专题所示。与此同时，先民以木雕刻的图腾供人崇拜，并追根思源。在一村立神树、村头树、海岸树限制人们采伐利用其木材。使一些山区少数民族千百年来依赖森林生存而又保存良好的森林环境。

工业革命初期，木柴还是重要的生产能源，随着煤、石油等开采而替代木柴，薪材的需求被局限于广大经济不发达国家及农村地区。同时现代农业工具、交通运输设备等大多已由钢铁等工业用品替代了木材。木材因工业的发达，由原木的直接利用改为木材加工利用。以下借助相关邮品，以6个专题展现：薪材的利用、原木的利用、木匠手工作坊、木雕、木材加工及木材的化学加工。

一、薪材的利用

邮票捡木柴人——狗拉雪橇（图6-1）。这是位于纽芬兰岛以南25公里的北大西洋中，冬季寒冷，最低气温达零下20℃，夏季平均气温10～20℃，全年需要以烧柴取暖。票图为捡柴人用狗拉雪橇运木柴的情景。邮票燃木柴煮食物（图6-2）。那里原是黑人家园，人口稀少，有原始林可提供木柴。票面展现一妇女就地点燃木柴烧煮食物。邮票“绿化马里——树木和炉灶”（图6-3）。马里是世界上森林最少的国家之一，覆盖率不到1%，全国有80%的人以薪柴为燃料，国家发行邮票2枚，提示人们造林绿化，为炉灶提供木柴。邮票薪柴（图6-4）。票面展现的是取自鼠李科灌木为薪柴。埃塞俄比亚森林覆盖率仅2.3%，而且每年因垦荒而减少森林。

邮资封老虎灶（图6-5），又称熟水店，最初老虎灶烧柴消耗柴量大，就像老虎的大胃口而得名。票面展现店主为来买水的顾客灌开水的情景。老虎灶以木柴为燃料，开水锅盖为木质的、冲水瓶下垫的是木条板，木柴和木板支撑着开水点的经营。

图6-1（圣皮埃尔和密克隆群岛，2000）

图6-2（特兰斯凯，1985）

图6-3（马里，1989）

图6-4（埃塞俄比亚，2004）

图6-5（中国，2010：老上海百年风情）

二、原木的利用

（1）木电线杆是原木材种中的干材，它重量轻、制造比较方便，用较直的杉木、松木，甚至白杨、柏树等都可，选用树径80～100mm、长4.5～8m的树，砍头去枝、刮去树皮，待干燥后，将梢端削成一定的坡度，在干根（1m以下）及干梢涂刷1～3道沥青，以利防腐。邮资片杭州吴山城隍庙（图6-6），画面可见上山去庙的山路旁竖立木电杆，为庙输送电。木电杆在一国工业化发展中起到重要的作用，也为人们生活带来方便。木质电杆邮票两枚（图6-7），为澳大利亚1954年发行电报百年电杆电线邮票和美国纪念乡村电气化50年（1935～1985）发行的，画面为木质电杆和电线。邮票葡萄牙2004为纪念电话百年发行的木质电杆（图6-8）。邮票森林铁路雕刻版票（图6-9），画面展示森铁旁左侧一排整齐划一的木质电杆。为了节约木材，如今已很少使用木质电杆，唯独在林区、偏僻的农村，仍用木质电杆架设电线，一则价格便宜，二则木材绝缘性能好。

图6-6（杭州，2000）

图6-7（澳大利亚，1954；美国，1935-1985）

图6-8（葡萄牙，2004）

图6-9（瑞典，1981）

（2）枕木用于铺垫铁轨，是原木加工成的方材，自17世纪开始铺设铁轨，轨下需垫枕木。木质枕木具有优良的弹性、韧性和握钉性能，但寿命短，一般不超过15年需要更换，消耗宝贵的硬木资源，且强度不能满足货运重载线路。而混凝土轨枕则造价较低，但缺乏弹性，现已替代了大多数木质枕木。邮票京张铁路（图6-10），这是中国第一条铁路，铁轨铺在木质枕木上，现已更换多次。邮票森林火车（图6-11），是为运输木材而铺设的铁轨下垫木质枕木，如今改为森林旅游观光游览车。邮票山谷铁路百年（图6-12），铁轨下铺设枕木。邮票窄轨铁路（图6-13），这是600mm的窄轨铁路，铺有枕木。图6-9森铁轨也是固定在木质枕木上的。随着铁路改建，如今木质枕木已逐渐退出铁道建设市场。但其弹性好，重量轻，制作简单，绝缘性好；铺设和养护维修、运输方便，木枕与碎石道岔之间有较大摩擦系数。因此在一些特殊地段，如桥梁和交叉轨等震动较大的地方，仍在使用枕木。

图6-10（中国，1961）

图6-11（中国台湾，2000）

图6-12（印度，2000）

图6-13（西南非，1985）

三、木匠与传统木作坊

木匠，也称木工，是职业也是一门手艺。古人将木匠大致分为三种：大器作，主要修盖房子；小器作，主要制造小巧精致、附有装饰花纹的木器和佛像等物；造船和其他杂器件。本节仅展示手工木作坊，属木匠中的其他杂器制作。邮资封老北京风情——木匠（图6-14），封面图为一木匠走街串巷为居民修理或打制木器家具，他用一长把锛子挑起一个木盒，盒内放有斧、锯、凿子、拐尺、墨汁等全套木工工具，吆喝为“桌椅、板凳……”。邮票木工工具2枚（图6-15），澳门2001年刨子和刚果人民共和国1964年木锯条、木刨、楔刀等。邮票可见工人用锯将原木锯成板材（意大利），及木匠用刨刨木头（图6-16）。邮票木匠使用木工机械（图6-17）

图6-14（邮资封老北京风情——木匠）

图6-15（澳门，2001；刚果人民共和国，1964）

图6-16（意大利，1984；列支敦士登，1984）

图6-17（挪威，1986）

图6-18（新加坡，2006）

图6-19（南斯拉夫，1989）

，这是为工匠联合会100周年发行的邮票。木匠这一传统而古老的而行业，在现代社会中它没有随着时间的流逝而消亡，仍有很大的发展前景。

传统的木作坊，将游走上客户家门服务转为固定作坊加工。邮票民间行业（图6-18），画面为木桶制作和木底鞋（拖鞋）制作。邮票传统木制品（图6-19），4票分别为：驮鞍制作、橡木桶制作、木桶开眼（洞）和加压、调试木织机。这些木制

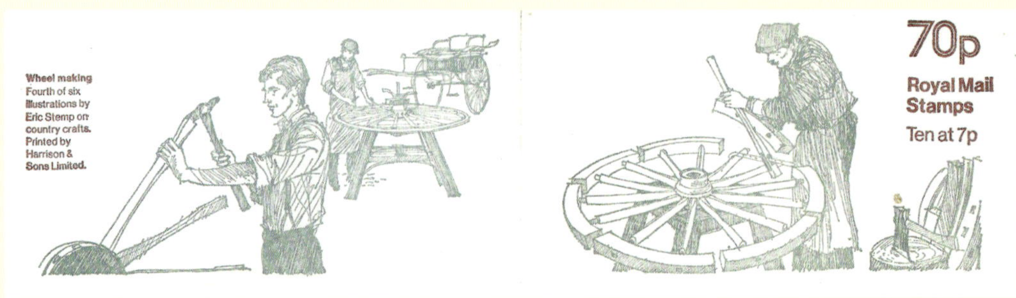

图6-20（英国，1978）

品已成为博物馆展品。小本票封面连底图（图6-20）， 图案为工人制造木车轮的情景。

经传统木匠、木作坊加工成各类木质生产生活器具，如邮票木材利用（图6-21），4票为：木材、木板为木结构建筑用；家具组件，床栏栅灯具、柱子；树桩，伐后留下的树根，可固土，还可为其他植物提供养分；圆木，雕刻成鹤、大象、人头艺术品。邮票纺织用具2枚（图6-22），木质纺织机，木质纺织用梭子。邮票木制风动驱鸟器和木制蜂箱2枚（图6-23）。以上为木匠或木作坊的产品，更多的木制品在以下相关专题中展示。

图6-21（加纳，1951）

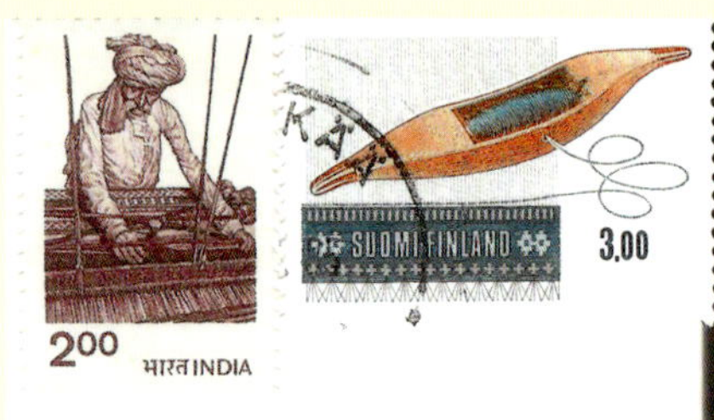

图6-22（印度，1980；芬兰，1979）

图6-23（斯洛文尼亚，1987）

四、木雕

木雕是用木材按人的意愿雕凿成的各种器物，即木匠分类中的小器作。木雕可分为工艺木雕和艺术木雕，这里主要展示流行于民间的工艺木雕，有悠久的历史和强烈的民族传统色彩，是精雕细镂、巧夺天工的木雕工艺品。工艺木雕又分为纯观赏性和实用的两类。邮票小本票（图6-24），封面图木头、刻刀，邮票为纪念雕塑家彼得森诞生百年发行的他的作品：木雕《拉手》，这是一件观赏性的木雕工艺品。邮票家具木雕（图6-25），上票为中国清代夔龙纹紫檀木太师椅，代表中国传统的家具木雕；下票为芬兰桦木雕盛器，以简洁有力的坑纹装饰，为传统造型加入现代元素，体现芬兰特有的简洁洗练的设计风格。两件木雕均为实用性家具木雕。邮票建筑木雕（图6-26），票面注释木雕、吊筒均为建筑部件，他们的制造小巧精致，附有雕饰花纹的木器，凸显木的视觉美。邮票门扇木雕（图6-27），构图布局对称而别致，追求点、线、面的构成和穿插，木雕图案有树、仙鹤、鸟等，雕刻精致，实为一件艺术品。邮票檀香（图6-28），票面凸显檀香木雕刻的人面像，犹如图腾，并有檀香树及茅屋为背景。随着工业化的进展，传统的手工木雕用的斧、凿、雕刀等手工工具外，于20世纪末引入电锯、电磨及拉花机等通用和专用木雕机器，让工艺木雕批量生产，以适应消费需求。木雕将人的心灵意愿在木头上展现，更完美地体现人和木材之间的融合和交流。更多的工艺木雕在以下相关专题中展示。

图6-24（瑞典，1968）

图6-25（中国香港，2007；芬兰）

图6-26（中国台湾，2000）

图6-27（中国台湾，1985）

图6-28（新喀里多尼，2004）

五、木材加工

木材除了上述直接用作薪材、原木电杆及简单加工成枕木外，木材都加工成板方材和其他制品使用。木材具有重量轻、强度高、弹性好、耐冲性、纹理色调丰富美观、加工容易等优点，自古至今都被列为重要的原材料。木材工业由于能源消耗低、污染少、资源有可再生性，在国民经济中也占重要的地位。现在木材产品已由锯材发展到木材再加工，如建筑构件、家具、车辆、船舶、文体用品、包装容器等木制品，以至木材的再加工成人造板、胶合板等，从而使木材加工形成独立的工业体系。

1.锯 材

根据加工需要锯成一定规格形状的板方材。邮票带锯（图6-29），这是芬兰为第一蒸汽动力锯木厂100周年发行的木材和锯条，它比手工锯木提高了劳动效率和木材利用率。极限片木工制作家具（图6-30），图展示工人用圆锯锯断木板。邮票木材（图6-31），展示锯成为圆木和板材。邮票旋切木材（图6-32），票面为原木旋切成薄板、为胶合板加工提供材料。

图6-29（芬兰，1959） 图6-30（马拉维） 图6-31（印度尼西亚，1984）

图6-32（西斯凯，1985）

2.木材加工厂

原木是不规则和笨重的材料，这里展示木材在厂内运输的情景。邮资封（图6-33），封图展示原木进厂经传送带将其分拣归楞，待进入加工车间；邮票（图6-34），票面展示机械臂传运原木；邮票（图6-35），票面展示吊运进车间的原木及准备旋切板材。邮票木材厂2枚（图6-36），一为尼日利亚1973年发行的，尼日利亚的森林面积占全国国土的10%，多贵重的红、白坚木，木材加工是其主要的制造业之一，票图展示木材加工厂设在海湾处，存放在车间近处的漂木便于运送到车间。一些国家木材加工厂建在海边，一来便于海运进口木材，二来加工厂借漂木进车间加工，减少厂内运输成本。另一为塞浦路斯1983年发行的，塞浦路斯为地中海岛国，森林覆盖率19%，这是为英联邦日发行的邮票，木材厂就是在海边设的厂。

邮票火柴生产4枚（图6-37），展现火柴加工生产过程：木材经断木、剥皮、再旋切成木片；将一卷卷的木片送入切梗机切梗；筛选梗经烘干、刨光处理成合格的木柴梗，再浸磷酸；火柴盒生产，含切盒片、做外盒，烘干内盒套盒，盒两侧刷胶，装入火柴，火柴盒上刷磷，对火柴进行顺头处理，火柴盒包封，结束生产过程。在火柴的生产原料上，木材占成本的45%左右。我国北方用杨木做梗，南方则使用松杂木。火柴工业因打火机的发明而被取代，但作为旅游火柴、宾馆火柴、喜庆火柴、广告火柴、芳香火柴等兴起，火柴工业继续存在。

图6-33（罗马尼亚，1972）

图6-34（印度尼西亚，1984） 图6-35（苏联，1982）

图6-36（塞浦路斯1983；尼日利亚，1973）

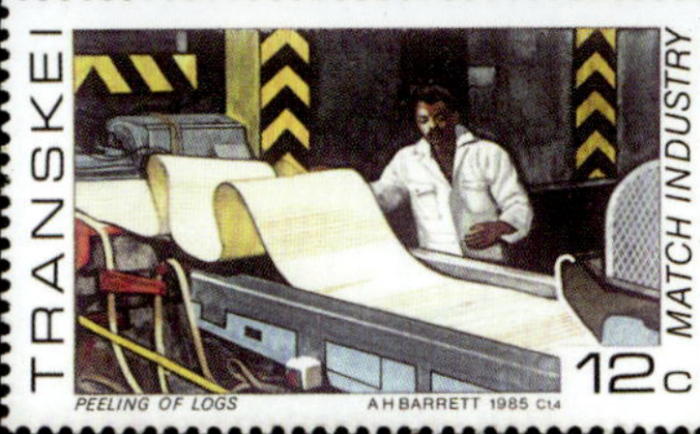

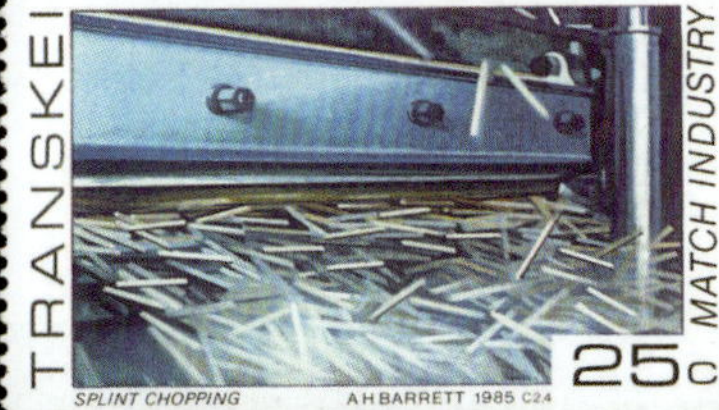

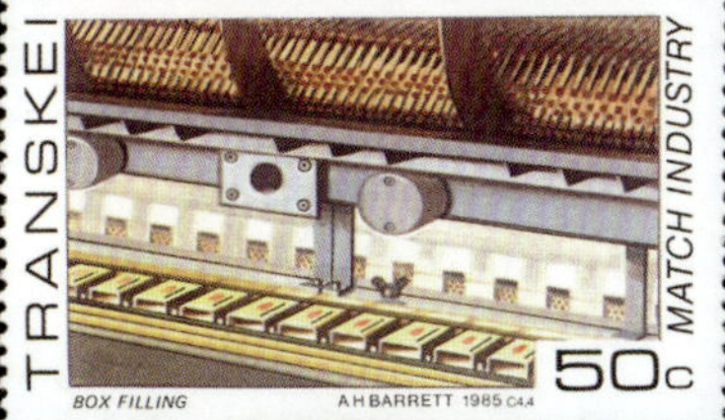

图6-37（特兰斯卡，1985）

六、木材化学加工

木材的化学组成为：碳40%～50%、氮6%、氧45%～50%、氮0.1%～1%。燃烧后的灰粉中主要含有钙、钾、镁、钠、锰、铁、硫等，有些热带的木材中还含有较多的硅。人们借化学或化工方法加工成产品的过程为林产化学加工。

1.木材造纸

木材在造纸原料中的比重，已由1880年的10%上升到1970年的93%。随着工业文明的发展到现代制浆技术的出现，在西方，木材开始逐渐成为造纸的主要原料。木材纤维形态比其他原料好，并且更易制作出各种高质量的产品，其生产效率高，易于污染处理。体积密集，便于运输和保存。现在一些森林覆盖率达30～70%的国家，每年用于制浆造纸的木材占原木总量的30%～60%。如美国、加拿大、日本、瑞典、芬兰等国几乎全部用木材纤维造纸。木材制浆造纸被公认为森林资源最经济、合理的综合利用方式。小型张造纸工业（图6-38），小型张边框左上方图为装满木材的汽车等候进车间卸货；4枚邮票从左上方向右上，再向右下到左下方，分别为

图6-38（挪威，1986）

进料、打浆、压榨和成品包装，展示造纸生产过程；边框左下方图为造纸成品装上汽车运向销售地。挪威大约有90%的纸浆和纸产品提供出口。邮票木材制造业（图6-39），票面为树、造纸厂、纸张。加拿大森林资源丰富，生产的锯材、人造板和纸浆、纸用品大部分用于出口，一些纸业公司严格采购来自对环境负责的木材，执行森林经营认证。邮票松木和纸（图6-40），芬兰造纸业是国家支柱产业，其纸张出口量占世界的25%。在长达一百多年的发展中，造纸业发展的同时，森林资源良性发展，这得益于实施森林认证制度，让客户确信其使用的纸张来自妥善管理的森林，木材获得方式是合法的（参见第五专题木材贸易FSC森林认证）。邮票造纸厂（图6-41），这是巴基斯坦为共和国成立而发行的邮票。邮票木材造纸（图6-42），阿根廷拥有丰富的森林和木材资源，有众多造纸企业，生产纸浆、纸张和纸板，生产原料来自松、桉和柳树。

图6-39（加拿大，1952）

2.香精油加工

小全张檀香、檀香花果及檀香芯材加工过程和檀香精油、香料等（图6-43）。檀香芯材是名贵的药材，具有抗菌、消炎功效，从檀香木心材中提取的檀香油是自然界所有花草树木提炼香精中价值最昂贵的，也是配置其他各种高档香水、香精必备的基础香剂。檀香油已被广泛应用于化妆品、日用品、宗教用品，乃至保健食品和香烟加工业。新喀里多尼亚拥有世界上最丰富的热带森林，盛产檀香，可制造高质量的檀香精油。小全张香料（图6-44），含4票，从左到右为：传统香水、香精油、沉香木和薰香。沉香木，色黑、质重的木材，其树芯部位当受到外伤或真菌感染刺激后会大量带有浓郁味的树脂，树脂可制成香料。沉香还是中药，薰香有镇静作用。

图6-40（芬兰，1968）　图6-41（巴基斯坦，1956）　图6-42（阿根廷，1971）

图6-43（新喀里多尼亚，2004）

图6-44（卡塔尔，2008）

3.木炭生产

图6-45（特立尼达和多巴哥，1989）

邮票制木炭（图6-45）。木炭是木材经过不完全燃烧，或者在隔绝空气的条件下热解，所残留的深褐色或黑色多孔固体燃料。中国商代的青铜器和春秋战国时代铁器的冶炼都用木炭（见前活塞风箱邮票）。现在木炭除仍作生活燃料外，还用作金属冶炼、食品和轻工业的燃料，电炉冶炼的还原剂，还在研磨、绘画、化妆、医药、火药、粉末合金等各方面广泛应用。

专题七

中国宫殿、寺庙的传统木结构建筑与木雕装饰

在我国源远流长的建筑史上，一个最为显著的特点就是以木质材料为主的建筑占据了极其重要的地位。木结构在维持建筑使用寿命上并不占任何优势，木制的梁架、门窗、柱子经不起时间的风吹雨淋。但恰恰是这种充满柔性的木结构，造就了中国古建筑独特的造型和丰富的形式。下面分三个专题展示人类传承世代，在宫殿寺庙、园林和民居中的木结构建筑。

一、榫卯结构及其建筑代表作

图7-1（芬兰，1967）

1.榫卯结构

邮票榫头——移民纪念（图7-1）。这是一种很普通使用的木凿技术，如前专题一所示，浙江余姚河姆渡遗址就发掘出了大量的结合完好的多种式样的榫卯结构遗物，可以说是我国木构技术史的一件伟大的发明！中国木结构建筑和家具中一直广泛应用榫卯技术，在建筑上侧重于结构稳定，因为榫卯在几个方向都可以开卯口，可以兼顾结合在同一点上不同方向的受力，合拢时成为一个高强度的完美整体；在家具中榫卯结构则成就了中国含蓄内敛的审美观，接合处由于有略微松动的余地，当无数榫卯组合在一起时就会出现极其复杂而微妙的平衡。榫卯结构深深地影响着中国人的思想，比如有句成语叫做“方枘圆凿”出自《楚辞》，可简化做枘凿，跟它相反的词叫做“丁是丁，卯是卯”（丁指榫头），讲的是做事严肃认真，一丝不苟。木材是芬兰人最为钟爱的建筑材料，在当今砖石和钢筋混凝土建筑崛起之时，但在赫尔辛基仍有许多两层的木建筑屋。

2.古建筑杰作

图7-2（利比里亚，1999）

①木建筑工艺邮票：应县木塔（图7-2）。位于山西省应县城西北佛宫寺内，建于1056年，木塔处于大同盆地地震带，建成近千年来，经历过多次大地震的考验，木塔岿然不动，其奥妙在于独特的木结构设计。木塔除了石头基础外，全部用松木和榆木建造，构架中所有关节点都是榫卯结合，具有一定的柔性；木塔从外表看是五层六檐，但每层都设有一暗层，明层通过柱、斗拱、梁枋的连接形成一个柔性层，暗层则在内柱之间和内外角柱之间加设多种斜撑梁，加强了塔的结构刚度。这一刚一柔有效抵御地震的破坏。②邮票真武阁（图7-3）。建于公元1573年的真武阁，阁下有石台称古经略台，是唐代诗人元吉在此任经略时修建的。后在台上增建道观，改称真武阁。真武阁被誉为“天南杰构”，是一座独具风格的木结构建筑。全阁用近3千余大小不一坚如石质的格木构件（格木属于苏木科，常绿乔木，又名铁木），以杠杆结构的方法，串联吻合、相互制约，彼此扶持，合理而

图7-3（中国，1996）

协调的组成一个优美稳固的统一整体。全阁不用一件铁器。二楼的四根内柱，承受着上层楼板、梁架、配柱和屋瓦的沉重荷载，柱脚却悬空不落，是全阁结构中最精巧、最奇特的部分。阔大又通透的统一整体，历经400多年的风风雨雨，依然巍然挺立，堪称中国木建筑奇观。

3.近现代建筑杰作

①邮票故宫角楼（图7-4），这是一座防御性质的建筑，与故宫雍容华贵的宫殿相比，表现得十分朴素。角楼建筑结构极具特点，其九梁、十八柱、七十二条脊，形成外观不仅层层相叠，而且做工非常精细，再加上朱黄两色的衬托，显得非常庄严雄伟。②邮票上海世博园——中国馆（图7-5）。中国馆的构思取自中国古代木结构建筑中的元素——斗拱。斗拱是木结构建筑中的支承构件，在主柱和横梁交接处。中国馆的总定位“中国特色，时代精神”。“中国馆要整合各种历史文化元素，我们对中国的文化符号、出土文物里汲取理念，用现代材料、现代技术和现代审美把它们加以整合，设计了中国之冠，它是一种精神的整合。”

图7-4（中国，2008）

图7-5（中国，2010）

二、中国宫殿古建筑

中国唐代的木建筑实现了艺术加工与结构造型的统一，包括斗拱、柱子、房梁等在内的建筑构件体现了力与美的完美结合。宫殿建筑舒展朴实，庄重大方，色调简洁明快。这里选用东方三大殿（太和殿、大成殿、天贶殿）和天坛祈年殿邮品展现建筑风采。

邮票故宫太和殿及中国世界遗产明信片太和殿内景（图7-6）。太和殿为明清时皇帝举行盛大典礼的场所，面阔十一间，进深五间，建筑面积2377㎡，高26.92m。大殿共有72根大柱支撑其全部重量，其中顶梁大柱最粗最高，直柱1.06m，高12.7m，明代建造时用楠木，采自川、广、云、贵等地，清代重建，改用来自东北的松木。太和殿之上为建筑形式最高的重檐庑殿顶，檐下施以密集的斗拱。太和殿装饰十分豪华，殿内设九龙金漆宝座，宝座两侧排列6根直径1.00m的沥粉贴金云龙图案的巨柱。宝座上方天花正中安置形若伞盖向上隆起的藻井。藻井正中雕有蟠卧的巨龙。

邮票大成殿（图7-7）。山东曲阜孔庙大成殿是我国祀孔庙殿堂中建造年代最早，规模最大的一座。殿高24.8m，阔45.78m（9间），深24.89m。殿内廊柱皆楠木，都彩绘团龙错金。大成殿是孔庙的宅殿，也是孔庙的核心。明代改建成重檐九脊，黄瓦飞甍，周绕回廊。

邮票泰山岱庙天贶殿（图7-8）。天贶殿是岱庙的主体建筑，为东岳大帝的神宫。殿面阔9间，深4间，通高22m，为重檐庑殿式，覆黄琉璃瓦。古庙创建于汉代，其建筑风格采用帝王宫殿式样。它是泰山最大、最完整的古建筑群，为道教神

图7-6（中国，1998；2010）

图7-7（中国，2010）

图7-8（中国，1988）

府，是历代帝王举行封禅大典和祭祀泰山神的场所。

邮票天坛·祈年殿及中国世界遗产明信片祈年殿精美华丽的彩绘龙凤藻井（图7-9）。祈年殿是皇帝祈祷五谷丰登的所在，是一座三重檐尖顶圆形大殿，是天坛的主体建筑。殿为圆形象征天圆，大殿内有28根楠木大柱环绕排列，和各种相互衔着的斗、枋、桶，支撑着殿顶的重量。柱正中间4根高19.2m，2个半人才能合抱的龙井柱，象征一年四季。中间12根柱子象征一年12个月。外层12根柱子象征一天12个时辰。整个28根柱子象征天上的28星宿。这一建筑标志着16世纪中期中国建筑科学水平。

图7-9（中国，2010）

三、中国寺庙建筑

中国寺庙建筑历史悠久，在南北朝时期大规模兴建寺庙成风，在天人合一的宇宙观指导下，中国寺庙多选名山，有意将建筑内外空气相互转化，将寺庙纳入自然之中，“深山藏古寺”，寺既藏于深山，也就成了深山的一部分。建筑与自然融为一体，正是天人合一的体现。也是寺庙选址于名山幽林之故。中国的寺庙含殿堂、藏经楼、客房、亭榭、游廊等形成建筑群。这些建筑以木结构建筑为主，既可就地取材，又让建筑与山林自然融合，有的还以园林式建筑格局，使中国寺院既有典雅庄重的庙堂气氛，又极富自然情趣，意境深远。以下仅展示部分寺庙主殿的木建筑，领略寺庙木建筑的特色。

（1）中国著名的佛教四大名山寺庙。邮票五台山3枚（图7-10）。上为南禅寺大殿邮票，大殿南北长60m，东西宽51.3m，建于公元782年，是我国现在保存下来的一座最早的木结构寺院建筑；中为佛光寺东大殿邮票，大殿重建于公元857年，面宽34.08m，进深18.12m，是一座木构架大殿，在我国建筑史和艺术史上占有极重要的地位；下为台怀镇寺庙群邮票，现存68座寺庙，上述二寺是古代寺庙建筑群中的精品，又是典型地将对佛的崇信凝结在对自然山体的崇拜之中，完美地体现了中国“天人合一”的哲学思想。邮票峨眉山麓报国寺（图7-11）。报国寺系峨眉山第一座佛寺、门户，始建于明万历年间，1986年按原貌重建。为五重殿宇、亭台阁楼俱全、布局典雅的宏大寺庙。如邮票展示的寺院为石柱五列二进，飞檐翘角，三叠屋面，高12m。寺院山门“报国寺”匾额为清康熙皇帝衔题。邮票普济寺（图7-12）。该寺于1731～1734年间建成9殿、12阁、4轩共200余间房屋，其中圆通宝殿为观音菩萨正殿，如邮票所示殿堂宏大巍峨，面阔7间、深6间，重檐歇山，黄琉璃顶，九彩斗拱。寺前莲花池约15亩，盛产五色并蒂莲花而闻名，

图7-10（中国，1997）

图7-11（中国，1984）

图7-12（中国，1999）

湖上永寿桥，寺东南为多宝塔。邮票肉身宝殿（图7-13）。这是宫殿式建筑，歇山顶双重檐，上盖铁瓦，戗角凌空，琉璃生辉。殿内塔基上建有七层八方木塔，每层木塔有佛龛供地藏菩萨佛像。殿宇高15m，周围古木参天，浓荫蔽寒。

(2) 地方佛寺。邮资片云林禅寺（图7-14）。片中展示的是20世纪20年代拍摄的灵隐寺老照片。展示的大雄宝殿建于清光绪末年（始建于公元326年），殿高33.6m，是我国著名的单层三重檐古建筑。全寺建筑的中轴线上依次为天王殿、大雄宝殿、药师殿、藏经楼、华严殿。邮票恒山悬空寺（图7-15）。整个建筑群共有殿宇楼阁40多间，在高200m的悬崖上建屋，木材是建筑的基本材料，它是中国古建筑中非常独特的杰作。

图7-13（中国，1995）

图7-15（中国，1991）

图7-14（杭州，2000）

图7-17（中国，2009）

（3）藏传佛教寺庙。极限片承德普宁寺（图7-16）。始建于1775年，有殿堂、楼阁各类建筑29座，它是汉、藏寺庙建筑形式，主体建筑大雄宝殿，如片所示，面阔7楹，进深5楹，中间5楹设隔扇窗门，黄琉璃瓦绿剪边，重檐歇顶，下为五彩单翘重昂斗拱，上檐为七彩单翘重昂斗拱。邮票拉卜楞寺·大经堂（图7-17）拉卜楞寺是藏传佛教格鲁派六大寺院之一，始建于1709年，保留有全国最好的藏传佛教教学体系。拉卜楞寺共有六大经堂，邮票展示的大经堂融汇着藏汉建筑的风格，前殿雕梁画栋，飞檐斗拱，顶覆琉璃瓦，显得典雅华贵，有鲜明的汉式建筑风格。其建筑可分为石木结构和土木结构两类，外石内木，有“外不见木，内不见石”之说。

（4）青城山道观。青城山属道教名山，是我国道教发源地之一。2000年被列入

图7-16（中国，1998）

图7-18（中国，2006）

世界文化与自然双重遗产。邮票青城山3枚（图7-18）。从右到左依次为：山门悠远、山中古观和曲径通幽。山门悠远，展示山门建筑及周围环境悠远。邮票设计旨以写实为主，兼顾写意。既体现出青城山幽甲天下的特色，又表现出道教名山的幽静和深邃；既有水墨画的效果，又有国画的意境。青城山宫观建筑基本组成为神殿、斋堂、客香、园林四个主要部分。神殿是道观的主题建筑和中心；山中古观，即青城主庙三清殿，采用的是重檐歇山式的屋顶，坐西向东，横列五间，高大阔宽，殿上共有大石柱28根，殿堂上空开一八角方形藻井。青城山的亭、阁、桥、廊、牌坊等建筑共有一百多座；曲径通幽，展现山道旁的亭、牌坊，众多亭阁建筑多数以木材、树枝皮等为材料，它们与周围山林和谐搭配。

（5）丽江五凤楼。中国世界遗产明信片五凤楼（图7-19）。它是丽江古寺福国寺的大殿，始建于公元1601年，1882年重建。该殿融汉、藏、纳西等民族风格于

图7-19（中国，2010）

一体，殿高50m，共有24个飞檐从任一方向看去都可见到至少5个飞檐。楼平面呈“亚”字形，又称“十”字形，是佛教庙宇典型的平面布局形式。五凤楼为三重檐多角攒尖顶木结构建筑，是云南省民族地区现存一座具有科学、历史、艺术价值的重要古建筑。五凤楼面阔3间，进深3间，通高20m。斗拱繁复，极富装饰意蕴。装饰格扇、花板、梁柱皆精心雕刻、绘彩，典雅堂皇。

四、佛塔建筑

佛塔俗称宝塔，用木、砖、石等材料建成。上面展示的应县木塔是整个架构所用全为木材。明信片上海龙华塔（图7-20）。塔为廊檐楼阁式砖木结构，高40.6m，外形为八角七级，内壁为四方形。塔现楼阁式曲柱重金，飞檐面翘，檐下悬有56个铜铃，塔心为长18米的木柱，竖在塔的第6层砖室中央，突出塔顶，最后外罩塔刹。龙华塔和应县木塔相比，塔较为细高，塔刹更挺拔高举，体型清丽玲珑，秀美可爱，和江南风物非常和谐。二塔是南北建筑风格二个最典型的代表，同属于中国建筑艺术最优秀作品之列。相传龙华塔始建于977年，经多次重建和修建，2006年作为宋代古建筑，由国务院列为全国重点文物保护单位。邮资封广州古塔（图7-21），展

图7-20（中国，1960）

现中国广州六格寺内的花塔，八角形，外观九层，内设暗层八层，是一座仿楼阁式的穿壁绕平座结构的砖木塔，塔高57.6m。

图7-21（罗马尼亚，1999）

五．建筑木雕装饰构件及殿堂匾额、对联

1.建筑木雕装饰构件

木雕作为建筑装饰的一部分，一方面有装饰建筑的作用，另一方面有寓意、象征和诉愿的意味，以直观的形象表达非物像本身意义的内容。邮票传统建筑4枚（图7-22），左上为斗拱是斗拱构件的功能、结构与艺术的统一，在所有建筑中是最突出的。它不仅美化建筑，而且可以减少主柱和横梁之间的切力；右上为雀替，展示像一对翅膀在柱的上部向两边伸出，使之从力学上的构件发展成为美学的构件；左下为步通；右下为叠斗构架。邮票庙宇建筑3枚（图7-23），这是我国台湾移民时祭拜于地缘关系所形成的庙宇，呈闽南建筑风格。庙宇中“屋顶”一直以来扮演着代表传统风格文化的符号，3枚邮票展示其木雕装饰的精雕细琢。

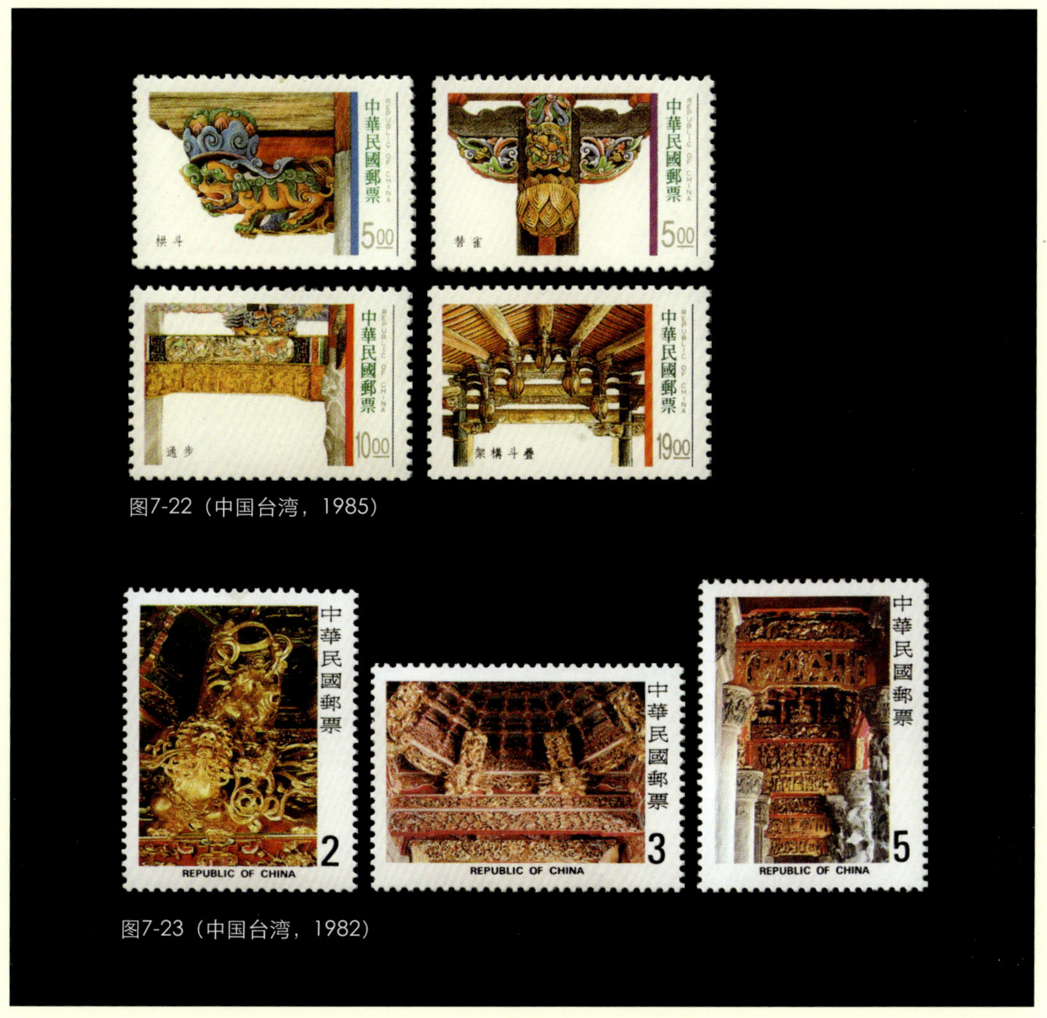

图7-22（中国台湾，1985）

图7-23（中国台湾，1982）

2.殿堂内匾额、对联

中国世界遗产明信片大成殿供奉孔子塑像的神龛（图7-24）。片中孔子塑像置于木制贴金神龛内，殿内正中是康熙皇帝题书的“万世师表”和光绪皇帝题书的“斯文在兹”匾额。木制匾额长6m多，高约2.6m，雕龙贴金，精美华丽。主柱悬鎏金木板楹联，一对是清高宗书的“觉世牖民诗书易象春秋垂道法，出类拔萃河海泰山麟凤莫喻圣人。”另一对是康熙书的“气务四时，与天地日月鬼神合其德；教垂万世，继尧舜汤文武作之师。”木制的匾额楹联均书以赞美之词，它与古代传统木建筑相融，成为建筑中不可分割的部分，并以其集字、印、雕、色的大成，凝结精粹的文辞、精湛的书法，深远的寓意、指点江山，详述人物，成为中华文化园地中的一朵奇葩。人们步入殿堂接受中华传统文化的教诲。

图7-24（中国，2010）

专题八
园林、名楼以及木桥建筑

中国古代园林已有三千多年的历史，在世界享有盛名。在中国园林中有山有水，有园林建筑：堂、廊、亭、榭、楼台、阁、馆、斋、舫等，这些木构建筑，其形与神都与自然环境吻合，成为园林的重要组成部分。中国古代文化名楼木质建材，具有特异的建筑风格。下面借助相关邮品展现中国园林木建筑和木质园林小品，中国古代名楼建筑以及木桥建筑。

一、中国园林建筑

中国园林艺术在明清时代进入精深发达阶段，无论是江南的私家园林，还是北方的帝王宫殿苑，在设计和建造上都达到了高峰。现代保存下来的园林均属明清时代，它充分表现了中国古代园林的传统风格和高超的造园艺术。就园林中的木建筑而论，木材是一种自然造园要素，加之木建筑其形、神与自然环境吻合，可以增加庭园的天然感和形式美，使这些木建筑成为园林的组成部分；与此同时，木建筑物又将美好的园景引入室内供人观景，如阁，建在高处，周围开窗，可凭高远望；亭，体积小巧，造型别致，可建于园林的任何地方；廊，由两排列柱顶着一个不大厚实的屋顶，用以连接园内各个单体建筑。

1.江南私家园林建筑

（1）苏州古典园林。于1997年被列入世界文化遗产名录。以下展示拙政园和网师园。①苏州拙政园，始建于明朝，现存园貌多为清末至20世纪初所形成，是苏州现存最大的古典私家园林，园布局主题以山水为中心，各种亭台轩榭多临水而筑。邮票苏州园林——拙政园（图8-1），4枚邮票从右到左为：宜雨亭前望倒影楼，画面中间为池塘，其下方为宜雨亭，一座六角飞檐亭，亭的对面即画面上方为两层的楼房，下层叫“拜文楫沈之斋”（文与沈是明朝书法家、画家），上层名为“倒影楼”，意为楼影映在池塘之意；枇杷园景物，画面上右上角建筑为“倚绣亭”，左下角的攒尖明柱建筑为“嘉实亭”，中间建筑名“玲珑馆”，以轩廊小院自成一区，外绕曲坦，内种枇杷树；小沧浪水院，画面近景为小飞虹桥和小沧浪水院，这座水阁建筑两面临水，东有松风亭，西有得真亭，轩榭翼波，廊舍精巧，构成独立院；远香堂和倚玉轩，中下为远香堂，是拙政园中部的主要建筑，以圆木料作为梁架，为四面厅式建筑，南北为门，东西开窗，可环观周围景物，与堂相邻的是倚玉

图8-1（中国，1984）

轩，池对面（画面上中）是三面临水的建筑，犹如旱船。②苏州网师园，始建于宋代，清代重建，园占地约半公顷，是苏州园林中最小的一座。小型张苏州网师园（图8-2）。画面展示园内亭台楼榭无不临水，各种建筑配合得当，布局紧凑，以精巧见长。中国世界遗产明信片“看松读画轩”和“梯云堂内景”（图8-3）。两片画面展现：木质隔扇门，江南称其为长窗，兼有门和窗的功能。其上部有通透的格心，以便采光。梯云室内六扇隔扇门直落在地，开启关闭自如，方便出入，极尽空灵通透之美。隔扇门为格心、绦环板、裙板等构件组合而成，装饰精美，它与庭院景色相对应。构成园林文化的重要部分。木质窗，如看松读画轩片所展示，二旁屋的窗用木条组成的直条、交叉、斜方等形式的窗格，在人视线处施以玻璃，便于观赏室外景观；而正厅墙上固定的窗，有大块玻璃展示此画轩的看松读画之“画”实际上指的是轩前景色的主体之画。室内摆放的是明清风格的红木圆桌、长供桌、盆景木架等，另有匾额、灯笼都系木制品。

图8-2（中国香港，2003）

（2）扬州园林。明清时期的扬州，经济繁荣人文荟萃，私人造园营宅之风盛行。扬州园林3连票（图8-4）。左为何园，它是扬州晚清名园中最大的一座私家住宅园林，画面中的水心亭，为水中戏亭。建筑体形较大，有“天下第一廊”美誉的1500m复道回廊，廊壁间有漏窗可互见两面的景色。中为个园，其主体建筑为一列二层的长楼，楼广七楹，楼下设木雕长门窗的厅房，楼上有外长廊，可凭栏赏园景。右为徐园，原为一祠堂，园内有荷池、假山，有馆、榭，常有名家书画陈列。

图8-3（中国，2010）

图8-4（中国，2007）

2.北方皇家园林建筑

（1）承德避暑山庄。我国现存最大的古典皇家园林，始建于1703年，是清代皇帝夏天避暑和处理政务的场所。山庄规模宏大，充分利用原有的自然山水景观特点和有利条件而建的。享有“中国地理形貌之缩影”和“中国古典园林的最高范例”的盛誉。1994年列为《世界遗产名录》。①小型张承德避暑山庄——澄湖叠翠·无暑清凉（图8-5），展现了避暑山庄的湖区全貌，烟雨楼、沧浪屿、水芳岩秀，无暑清凉、镜水云岑等名景纳入其中，突出体现了山庄湖区的风姿倩影和避暑山庄的怡凉感觉。②中国世界遗产明信片烟雨楼（图8-6），它是1780年仿浙江嘉兴南湖的烟雨楼而建的，供皇帝读书、观景的楼。这座木结构建筑，为两层楼红柱青瓦，面阔五间，进深三间，单檐，四周有廊。楼东为青阳书屋。楼外有轩亭。每当阴雨时节，细雨蒙蒙，登楼远眺，只见远山近水，尽在轻纺薄雾笼罩之中，如入仙境。

（2）颐和园。原是帝王的行宫和花园，1924年正式辟为公园，园内各种形式的

图8-5（中国，1991）

图8-6（中国，2010）

宫殿园林建筑，有以佛香阁为中心的亭、台、楼阁、廊、榭等共3千多间。①小型张颐和园（图8-7），画面中心为颐和园的标志性建筑—佛香阁，它建在一个高21m的方形台基上，是一座八面三层四重檐的建筑；阁高41m，阁内有8根巨大铁梨木擎天柱，结构复杂，气势恢宏，巍峨耸立，为古典建筑精品。②邮票颐和园3枚（图8-8）。上图石舫是一座水上建筑，清宴舫，1893年仿外国游轮重建的西式舱楼。船体长36m，用巨大的石块雕砌而成。两层舱楼为木结构，饰以大理石纹样。顶部采用砖雕装饰。这种建于水边三面临水的旱船，使人有着在建筑中，却又犹如置身舟楫之感。中图长廊，廊全长728m，297间，每根枋梁上都有彩绘，共有图画14000余幅，内含山水风景、花鸟鱼虫、人物典故等。这是中国园林中最长的游廊，列为“吉尼斯世界纪录”。下图谐趣园，它是仿江苏无锡寄畅园建造的一座园中园，园面积不大，但环池共有13座不同形式的建筑，并有三步一曲、五步一折的游廊串连起来，布局严谨、精巧，环境幽美、情静。它是我国北方地区最具江南园林特色的公园。

3、杭州西湖园林建筑

图8-7（中国，2008）

图8-8（中国，2008）

杭州西湖文化景观，肇始于9世纪、形成于13世纪、兴盛于18世纪，并继承发展至今。它是我国传统文化精英的精神家园，是中国各阶层人们世代向往的人间天堂，是中国历史最久、影响最大的文化名湖，曾对9至18世纪东亚地区的文化产生广泛影响。于2011年列入世界遗产名录。①小型张杭州西湖（图8-9）。画面展现西湖是一个泻湖，它三面青山，宛如镜框，一泓碧水，恰似明镜。亭台楼阁点满在青山绿水之间，组成一幅秀丽多姿的迷人画卷。小型张深蓝色的边框上，采用金墨印有六首唐宋著名诗人咏赞西湖美景的诗篇。杭州西湖是我国唯一一处湖泊类文化遗产。②邮资明信片曲院风荷（图8-10）。它是西湖十景之一，景区以亭台楼阁榭桥和曲廊等组合成名副其实的“曲院”，园内融建筑于自然，突出荷花及山水的自然情趣。③邮资明信片岳庙（

图8-9（中国，1989）

图8-10（中国，1993）

图8-11），岳飞墓（庙）是现存西湖文化史迹最有代表性之一，画面展示岳王庙的大门，门楼为一幢二层重檐建筑，正中上方悬挂龙凤幡饰“岳王庙”三字的鎏金竖式匾额，门柱书有黑底金字楹联草书《满江红》词。

西湖经综合保护工程传承了西湖的发展历史，保持整个西湖地区生态系统良性循环、保持生物多样性，将湖西几处分散的水面相互沟通、有机串联，使西湖与西部群山紧密联系，还原西湖“山随水转，山因水活”的原有风貌和格局。杭州于2003年发行西湖新景观邮资明信片，这里选其中三片：①子久草堂（图8-12）。黄公望，字子久，文化画坛著名“元四家”之首，俗世的有《富春山居图》等。相传

图8-11（中国，2000）

图8-12（中国，2003）

黄公望曾在杭州赤山之阴的筲箕泉旁结庐隐居。2003年于其旧居原址附近设纪念黄公望的陈列室，名之曰“子久草堂”，供人追怀。画面展示子久草堂系木结构建筑，屋前有木长廊及木椅，草地上有灯笼木架、护树木栏等木制品。木建屋、木制园林小品与湖水绿山相呼应，构成一幅美丽的园林人文自然景观。②茅家埠（图8-13）。这里是往日前往灵隐寺上香的香客们弃舟登岸的码头，每逢上香祭祖时节，这一带商埠云集，热闹至极。进入21世纪，随着杭州市“西湖西进”综合保护工程建设，茅家埠逐渐恢复湿地水面景区。如片图所示，水上修有木桥、搭建木亭、设置木栅栏等园林小品，方便游人观景休憩。③赵之谦纪念亭（图8-14）。赵之谦系清代后期著名的“海上画派”代表人物，墨迹广为流传，被后人尊为艺术大师。赵之谦原墓已毁，现建亭于墓址以纪念，亭位于茅家埠水面之南。亭子系木构建，亭前设木栈道，亭周围有木栅栏，亭内设靠椅，供人休憩、追怀。

4.木质园林小品

木材是一种自然造园要素，它可以增强庭园的天然感和形式美，而且可以随着时间的推移而产生微妙的自然变化。以上相关邮品展示木制园林建筑，也含凉亭、小桥，还有木制座椅、栅栏、植物支架等园林小品，以下仅展示木栈桥和木栈道邮品。①极限片九寨沟—五花海（图8-15）。画面展现游客步行在五花海上的木栈桥上，既安全又与山水近距离接触。木栈桥既是人行通道，又是与周围自然环境相融

图8-13（中国，2003）

图8-14（中国，2003）

图8-15（中国，1998）

的自然一景。②极限片喀纳斯湖（图8-16）。画面展现喀纳斯综合自然景观保护区在湖旁铺设的木栈道，便于游人行走观景，又避免游人蹂踏湿地保护环境，并在拐弯处置以木桩作凳供人休息。喀纳斯湖湖面海拔1374m，为高山湖泊，四周雪峰耸峙，沿着木栈道，移步就是一景，美不胜收。

图8-16（中国，2006）

二 中国古代名楼

中国历代供登临观景的楼阁数不胜数，这里选四座古代名楼和高原上纳西族的得月楼，展示其特有的建筑风貌。

（1）黄鹤楼。小型张武汉黄鹤楼（图8-17）。坐落在武昌蛇山之巅，长江南岸。始建于公元223年，建造时首先是出于军事目的，战时可在高楼上瞭望江上和对岸的敌情，平时便成了文人荟萃，宴客送友，吟诗作赋之所。清代重建，其平面设计为四边套八边形，谓之“四面八方”；从楼的纵向看各层排檐与楼名直接有关，形如黄鹤，展翅欲飞。楼共五层，高51.4m，共计翘角60个。底层大厅正中藻井高达10多米，二旁立柱悬挂长达7m的楹联。楼顶层正面“黄鹤楼”匾额由舒同书写。

（2）岳阳楼。邮票岳阳楼（图8-18），公元716年在原水师阅兵台上建起岳阳

图8-17（尼加拉瓜，1996；中国，1996）

楼，坐落在湖南岳阳海拔39m的巴陵山口，前瞰洞庭，遥对君山，北通巫峡，南达潇湘，素享“洞庭天下水，岳阳天下楼”的美誉。楼的建筑构制独特，风格奇异。楼为四柱三层，飞檐、盔顶、纯木结构，楼中四柱高耸，楼顶檐牙啄，金碧辉煌，远远望去，恰似一只凌空欲飞的鲲鹏。楼中部以四根直径50m的楠木大柱直贯楼顶，承载楼体的大部分重量。再用12根圆木柱子支撑2楼，外以12根梓木檐柱，顶起飞檐。楼顶为层叠相衬的“如意斗拱”托举而成的盔顶式，确如古代将军头盔式的顶式结构，在我国古代建筑史上是独一无二的。楼内陈列清著名书法家张照写的《岳阳楼记》的木雕屏。

（3）蓬莱阁。邮票蓬莱阁（图8-19）。蓬莱阁于公元1060年左右创建，它耸立于山东蓬莱丹崖山的绝壁之上，南向渤海，殿阁凌空，云烟缭绕，享有“仙境”之称。主阁为双层歇山木结构建筑，高15m，阁底层环以16根大红楹柱，上层四周环设明廊，供人极目远眺。阁上名人匾额联众多，有清代书法家铁保书写的“蓬莱阁”金字匾额。

（4）鹤雀楼。邮票鹤雀楼（图8-20）。鹤雀楼位于山西永济市黄河东岸，始建于北周（公元577～580），由于楼体壮观，结构奇特，加之区位优势，风景秀丽，唐宋之际文人学士登楼赏景留下许多不朽诗篇。该楼为木构楼阁式，各层周以围廊、明间隔扇，层层斗拱承托着梁架和屋檐，斗拱翻飞，翼角伸挑。二、三层周设钩栏，形成绕楼回廊，供人凭栏远眺。于2004年重建，是我国目前最大的仿唐建筑，其外观四檐三层，总高73.9m。整座建筑共分9层，台基3层，主楼6层，并保持了唐代彩绘艺术的建筑。

我国邮电部于1987年发行中国历代名楼选黄鹤楼、岳阳楼、滕王阁和蓬莱阁，其后有学者以滕王阁、岳阳楼、黄鹤楼和鹤雀楼为古代四大文化名楼。

（5）丽江黑龙潭得月楼。中国世界遗产明信片丽江古城得月楼（图8-21）。

图8-18（中国，1987）

图8-19（中国，1987）

图8-20（中国，2009）

它营造于清光绪年间，仿杭州西湖亭台楼阁的得月楼，是丽江古城标志性建筑。楼四面临水，雕梁画栋，为三重檐钻尖顶楼阁式建筑，基座呈八角形，高约4m。通高20m，阔深皆3间。二、三层施作如意斗拱，一层四角有擎檐柱支撑角梁，翘角翼然，彩绘缤纷，镂雕传神。正面主柱有郭沫若写的两幅楹联。得月楼位于丽江黑龙潭公园，背靠玉龙雪峰，它是古代纳西族建筑，被誉为滇西北高原上的一块美玉。

三、中外木桥建筑

木桥是最早出现的桥梁形式，它取材方便，具有重量轻、强度较高、加工各部分连接的构造简单等特点。以下展示木拱桥、桥梁、木廊桥的邮品。

（1）木桥。①极限片拱虹桥（中国2004清明上河图小版张9-5）（图8-22）。虹

图8-21（中国，2010）

桥位于汴京东城外汴河拐弯处，是一座木结构的单拱桥，虹桥没有桥柱支撑，桥身完全是一根根木梁叠架成拱形。桥栏间距是80多厘米，整桥跨度为18.5m。这是宋代工匠的一项杰作。②邮票简易木桥（图8-23），此乃展示童子军活动之一—造简易木桥，画面有3名童子军从附近的林中取木材，利用木材浮力，把它放置预定的木桥位置上，搭建成简易木桥。③小型张木制桥梁（图8-24），画面展示1862年一辆机车正行驶在木制桥梁上，桥的支架、桥身和枕木均为木材。

图8-22（中国，2004）

（2）廊桥。世界许多国家自古就有，在桥上建廊亭，供人遮风避雨，还可保护木质桥身。①邮票风雨桥2枚（图8-25）。左票为跨河风雨桥，位于贵州黎平县，始建于1894年，长56米，为三楼四廊式。下部为石桥墩；中部为木结构廊亭，用榫卯结合联成整体，廊亭木柱间设有座凳、栏杆；上部有木构风雨檐。这是侗寨风雨桥，它不单具有交通功能，还兼作寨门，常在此

图8-23（达荷美，1993）

图8-24（几内亚，1996）

举行芦笙比赛、拦路迎客的活动，是寨内外的重要交往空间。右票为田间风雨桥，这类桥可长可短，小桥仅用杉原木一排简支架设。②邮票木廊桥（图8-26），这座普那卡宗悬臂木廊桥，为人行木廊桥，始建于17世纪，20世纪50年代被洪水冲垮，于2006年重建，2008年建成，是一座具有不丹传统的木臂桥，跨度55米。③邮票欧洲最长的木制廊桥（图8-27），该桥连接瑞士阿尔高州的斯泰因和德国南方小镇巴德塞京根之间，横跨莱茵河。是欧洲最古老的一座木制廊桥，因遭破坏，于1570年重建，木墩改为石墩，全长200米，是欧洲最长的带有屋顶的木桥。④邮票kluknawa木廊桥（图8-28），廊桥建于17世纪，是斯洛伐克保留至今唯一一座古代木廊桥，桥长27m，宽3.4m，是斯洛伐克的技术丰碑。⑤邮票早期的木桥（图8-29）。古木桥位于斯里兰卡乌沃省波哥达村，它建于16世纪，是该国现存最古老的木桥。桥长50英尺，宽6英尺，高8英尺，桥上建有屋顶，两侧有安全栏杆，该桥为全木建造，没有用一根金属钉。

图8-25（中国，1997）

图8-26（不丹，2009）

图8-28（斯洛伐克，2000）

图8-27（瑞士，2008）

图8-29（斯里兰卡，2011）

专题九

中国古城镇、古村及民居等木建筑

中国的古城镇、古村是众人聚居的场所，是国家基层的社会经济组织，那里集中了众多的民居、商铺等木建筑，以及相配套的祠堂、学堂、寺庙、城隍庙等公共建筑。下面展示如今保存下来的古城镇、古村及民居建筑等邮品，从中领略木材对古城乡建设所起的不可替代的作用。

一、古城木建筑

（1）平遥古城。山西平遥是国内现存规模最大，保存最完整的明清时期的古城之一，为全国历史文化名城，1997年被列为世界文化遗产名录，世界遗产评委会评价其为中国汉民族城市在明清时期的杰出范例，在中国历史的发展中，为人们展示了一幅非同寻常的文化、社会、经济及宗教发展的完整配置。以下选用5张明信片展示其非凡的木建筑风格。①中国世界遗产明信片市楼（图9-1）。市楼是平遥古

图9-1（中国，2010）

城标志性建筑，为三重檐木构架楼阁，高18.5m，底层3间，进深各三间，占地133.4平方米。平面呈方形，南北方为通道。斗拱为五彩重翘。二层平座筑廊，前后有隔扇门装饰。斗拱七踩，平身斜三攒，皆出翘，为清代特有的营造手法。透过市楼展示的南大街，为古城在明清时期最繁荣的商业街。有前店后寝式传统老字号和民居建筑。②邮资片日升昌票号旧址（图9-2）。日升昌是清代中叶全国的第一家票号，为三式进砖木结构穿堂楼院。画面展示其临西大街的铺面五间，铺以五级青石台阶，加上沉重厚实的黑漆木板大门，宏伟壮观。把清代民居中较普遍应用的木雕、砖雕、石雕运用到商号店铺建筑中，增加了商号的生活情趣，使木建筑透出轻巧和温馨。该片背面的邮资图为“汇通天下”。③邮资片民居（图9-3）。民居以砖木结构和窑洞式建筑为主，形成二进或三进的四合院，如片图所示。砖砌的“拱”的窑洞建筑形式同木构砖瓦式房屋的有机组合是平遥古民居独有的特色，在砖砌窑洞外面还加筑一道木廊瓦檐，饰以精美的木、砖、石雕及彩绘等，门窗常做木棂花格。古城仍保存着这种传统民居有3000多处。片背面的邮资图为对四合院的远视。④邮资片文庙大成殿（图9-4）。大成殿是平遥文庙的主体建筑，于1163年重建，大殿通面宽25.82m，进深八椽24.3m，屋檐下斗拱疏朗，材宽5.5～6.5m，材高25～27m，接近宋制的二等材。檐柱间普柏枋，阑额连接，阑额不出头，前檐明间，次间用隔扇，梢间栏窗，其余三面砌花墙，非常壮观。大殿为单檐歇山顶，建筑精美，气势雄伟，是中国宋金时期文庙的罕见实物。⑤邮资片镇国寺万佛殿（图9-5）。大殿建

图9-2（中国，2000）

图9-3（中国，2000）

图9-4（中国，2000）

于963年，是我国现存最古老的木结构建筑之一。大殿为厅堂结构，其宽、进深各三间，单檐歇山顶。该殿具有明显的早期建筑风格，柱头卷杀，柱间横向连物件仅施阑额，斗拱用材硕大，出跳达1.43m，形制古朴。上檐出达2.94m，屋面形式庄重而舒展。大殿屋顶庞大，出檐深远，给人以雄伟壮观、气势非凡的艺术美感。殿内的五代彩塑堪称珍品，片背面邮资图为彩塑。

（2）兴城古城。辽宁兴城是我国目前保存最为完整的一座明代古城，是国家级文物保护单位。①邮资片棂星门（图9-6）。兴城文庙，始建于1430年，棂星门是文庙的正门。是一座四柱三门三楼式、多房斗拱、斗拱飞檐、歇山顶的木质结构牌坊。中间坊额的“棂星门”三个大字，蓝底金字，笔力雄劲，文庙特色跃然而出。②邮资片太平钱庄（图9-7）。古城有古朴素雅的条石路，两侧是明代风格的建筑。在近百家商店中有一座古色古香的“太平钱庄”，钱庄开设于明末年，曾是辐射古城周边广大地区的金融中心，现在是储蓄所。画面展示这古城的木建筑装饰庄严典雅，让现代人仿佛置身于明朝盛世。

图9-5（中国，2000）

图9-6（中国，2000）

图9-7（中国，2000）

（3）丽江古城。云南丽江古城建于宋末元初，明代初具规模，是滇西北高原历史悠久的商业重镇，有“高原姑苏”之美誉。1997年被列为世界文化遗产名录，遗产评委会评价古城丽江把经济和战略重地与崎岖的地势巧妙地融合在一起，真实、完美地保存和再现了古朴的风貌。古城的建筑历经无数朝代的洗礼，饱经沧桑，它融汇了各个民族的文化特色而声名远扬。①邮票四方街及小型张丽江（图9-8）。画面展示古城是一座没有城墙的城，完全手工建造的土木结构的房屋，无处不在的小桥流水。溪流两侧成自然街坊，民居临水而建。②邮票纳西民居及古城清流（图9-9）。展示民居建筑，是纳西族建筑艺术和风格的集中体现，它是在纳西族井干式木楞房形式基础上吸收汉、白、藏等民族建筑的优点而形成的。民居建筑多为两层木结构楼房，穿斗式结构，土坯墙，瓦屋顶，房前设木长廊。这种房可抗地震、遮阳、防雨、通风。房屋注重局部装饰，如票、小型张所示门窗饰以木雕图案，栏杆、柱头、檐、屋脊等部位，都加以精巧的装饰。古城居民中有60%为纳西族，信奉东巴教。邮票下方均点缀了古老的东巴文。

（4）凤凰古城。湖南凤凰古城是一座国家级历史文化名城，始建于1704年，历经300年风雨沧桑，古貌犹存。①小型张凤凰古城（图9-10）。画面为江边木结构吊脚楼建筑，是具有浓郁苗族建筑特色的古建筑群之一。吊脚楼大多是依山而建，用当地盛产的杉木，搭建成两层楼的木构架，柱子长短一般由主人需要的房子

图9-8（中国澳门，2008）

高度和杉木长短来决定。房屋的最下层一般不设隔墙，为猪圈、牛圈或堆放农具和杂物；上层住人，分客室和卧室。一般四周都向外伸出挑廊，廊柱不落地，以便通行无阻，挑廊悬吊在半空，故被称作“吊脚楼”。楼群每栋屋宇都有封火墙，并一致安装有鳌头。②邮票凤凰古城3连票（图9-11）。分别为：邮票北门，展现北门古城楼，用青砖砌筑，重檐歇山顶，穿斗式木结构；城楼右边沿江分布多木结构吊脚楼。邮票虹桥，虹桥始建于明洪武初年，1914年修复，改建成木结构吊脚楼，与桥面长度相符，大小木房12间，开设商店，中间有3.6m宽的人行长廊，上有屋顶遮盖，可避日晒雨淋。进入新世纪，一企业家投资使虹桥风雨楼建筑风格更完善，二

图9-9（中国，2002）

图9-10（中国澳门，2001）

楼为民俗文化楼，木制“灯笼”式门窗供游人观赏小城和沱江景色，24间木板店面经营各种民间艺术品、杂货土特产。有人称其演绎着一幅凤凰的“清明上河图”。邮票古街，古街为步行街，两边是店铺和民居，街形成于元明时期，现存的是清式格局，房屋多是木板的大开间。

图9-11（中国，2009）

二、古镇、古村的木建筑

1.江南水乡古镇

主要指长江以南、太湖流域、苏南、浙北一带地区的古镇。自古即有“苏（州）湖（州）熟天下足”之誉。南宋以来，江南地区经济发达、文化兴盛、形成了众多充满文化气息的乡镇。这些小镇倚河而存、因水成街、因水成市。

（1）邮票昆山周庄、邮资片周庄及极限片连家桥（图9-12）。画面展示有900余年历史的商业市镇周庄。古镇沿河两岸建房，前街后店，前店后院；家家枕水而居，户户踏级入水。这里的民居房屋为砖木结构的一、二展厅堂式模式。底层为砖结构，上层为木结构。还有连家桥、木建阳台、木门窗等展示木材在水乡民居中的作用。家后门河岸仃靠的木船，为水乡人提供与外界交往的便利。

图9-12－1（中国，2001）

（2）邮票桐乡乌镇和湖州南浔（图9-13）。前一邮票画面展示幽雅的河街市镇。街巷、廊檐、水阁房。这是用木桩或石柱打在河床中，上架横梁，搁上木板，人称“水阁”，是真正的“枕河”，一个木结构的太平屋。后一邮票为盛产蚕丝的古镇南浔，素有崇文重教之传统，嘉业堂藏书楼、水莲庄大花园，文化底蕴深厚。众多明清古宅临水而建，古镇已有700多年历史。

图9-12－2（中国，1997）

图9-12－3（中国，1987）

2.皖南古村落

皖南古村落位于安徽省黟县至今仍保留了大量完整的明清时代的古民居，西递、宏村是其中的代表。有人评价称它为：古代文明的历史见证，传统特色建筑的典型作品，人与自然结合的光辉典范。2000年被列为世界文化遗产。徽派古建筑是以砖木石为原料，木结构、砖墙维护。木、石、砖雕丰富多彩。梁架多用硕大木料，且注重装饰。主柱用料也颇硕大，上部稍细。梁架构件的巧妙组合和装饰，使工艺技术与艺术手法相交融，达到了珠联璧合的妙境。下面展示邮品。

图9-13（中国，2001）

（1）邮折皖南古村落——西递、宏村（图9-14）。底图上面为西递民居，该村现存17～19世纪古民居120处，村前为农田；图中间部分为宏村民居及村中心的半月塘，为村水利系统。

（2）中国世界遗产明信片南湖书院（图9-15）。徽商把读书和做官、经商融为一体，注重在家乡投资教育，南湖书院就是其中的一处。画面展示书院木结构建

图9-14（安徽，2004）

筑，其梁、柱粗大，建筑构件雕刻精细。

（3）中国世界遗产明信片胡式宗祠大厅（图9-16）。西递村始建于北宋，迄今已有950年历史，为胡姓人家聚居之地。胡氏宗祠为西递村现存祠堂之最，它是族事商议之室，兼作族人举办婚嫁喜事，教斥不肖子孙的场所。室内上悬木匾额“百代蒸尝”，意思是要世世代代不忘祖宗的恩典。画面展示厅堂木结构建筑，祭祀用的木质大几案、木雕靠椅、茶几等明清家具。

图9-15（中国，2010）

(4) 中国世界遗产明信片宏村承志堂木雕及西递格子门二片（图9-17）。徽派建筑广泛采用砖、木、石雕，表现出高超的装饰艺术水平。木雕在民居雕刻装饰中占主要地位，内容广泛，题材众多，雕刻手法多样，这些木雕均不饰油漆，而是通过高品质的木材色泽和自然纹理，使木雕的细部更显生动。宏村承志堂是一幢保存完整的一幢清代大型民居建筑，画片展示中门上高挂一个“福”字，在福字的上方镶有一幅木雕“百子闹元宵”图。图上雕刻着100个小男子过元宵闹花灯时的情景，

图9-16（中国，2010）

形态各异，惟妙惟肖，是古代多子多“福”传统观念的生动写照。“百子闹元宵”图两边的“商”字斗拱上则分别雕有四出“三国演义”的戏文，斗拱的上方雕有“南、北”财神，“南北”财神的上方是阁楼护板，以“渔、樵、耕、读”四根木雕主柱，分别代表古代的四种职业。这一建筑木雕被专家们誉为“民间故宫”。另一片为西递村大夫弟制作精美的格子门。

图9-17（中国，2010）

3.广西壮族民居和侗寨鼓楼

（1）极限片广西龙胜壮寨（图9-18）。画片展示壮族干栏式民居，是适应当地潮湿多雨的气候条件和山环水抱的特殊地理环境而建设的干栏式吊脚楼的民居建筑形式。灰色的板瓦顶多为歇山式或硕山式，可以通过屋顶的结构合理排水，遮挡日晒并保护木制外立面不受雨水侵蚀。建筑底层为架空围栏式结构，主要饲养牲畜、

图9-17（中国，2010）

堆放柴草；二层为厅堂、卧室等日常活动场所。顶层多设木制铺楼板，或隔栅，以堆放杂物，并起隔热作用。画面所示木楼房上方为龙脊梯田。

（2）邮票百二鼓楼（图9-19）。鼓楼建于1927年，杉木构造，为侗寨的公共建筑，全寨的公共活动中心，是侗寨的标志。建筑鼓楼的取材上，通天中柱的选材最严格，其长度决定了楼高和层数，需组织全寨男女上山伐杉木抬运下来，小材由各户捐献。鼓楼的外形呈多边锥柱体，腰檐层叠渐缩，显得稳重而壮丽。全部构架不用一根铁钉。

4.云南傈僳山寨

邮资明信片傈僳山寨（图9-20）。傈僳族是氐羌族的后裔，即藏缅语族的一支。生活在云南迪庆的傈僳族，由于地势及习惯的影响，民居建筑方式简单，常见有两种，一是木楞式，用3～6米长的圆木和方垛构成，上面用茅草、松树皮或用30c㎡见方的木板覆盖。楼用竹条或木条铺成，分上下两层，楼上堆放粮食杂物，楼下住人。另一是栅栏式，即在选定的地面上打十几根木柱，用竹席、木板立栏而成。

图9-19（中国，1997）

图9-18（中国，1998）

图9-20（中国，2007）

5.云南傣族民居

邮票傣族建筑·楼（图9-21）。位于云南西双版纳，傣族的楼是用竹、木筑成有长脚柱支撑的“干栏式”住房。分两层，木柱支撑的下层通风透气，直达地面，可用来堆放杂物和饲养家畜，上层凉爽，适于居住。

图9-21（中国，1998）

6.福建围屋

福建围屋也称福建土楼，于2008年被列为世界文化遗产名录。邮票福建民居（普票）和小型张福建土楼（图9-22）。土楼作为福建客家人引以为豪的建筑形式，是福建民居中的瑰宝。土楼以穿斗式木构架为独立承重体系，夯土墙环四周作为围护结构。围屋有圆形的、有方形的。2～4层楼高，层层相通，各层多为木结构通廊式住房，适于人们聚族而居。杉木是客家人首选的材料，木材的使用几乎囊括了土楼建筑的方方面面：大门、腰门、窗、回廊、楼梯等，还有室内的装饰。甚至杉树皮、树枝和毛竹片用来充作土楼的墙骨，以增加土墙及其相连墙体的牢固度。有人称围屋是居住建筑史上的一大奇观。

7.香港海岸渔村

渔村风貌4连票（图9-23）。票图为我国香港大澳岛的棚屋，多为木板、铁皮所建，有一二层，离水面一米多高，依靠打在水中的石柱、木桩支撑，为典型的高脚屋。水上棚屋在大澳已有200多年历史，早年因方便渔家生活而建，现棚屋已不断减少。这种独有的水上人家的棚屋生活，是大澳最典型的文化特色。

图9-22（中国；中国香港，2010）

图9-23（中国香港，2005）

专题十

国外寺庙、教堂及园林木建筑

传统木构建筑在世界各地普遍推广，尤其是拥有森林资源丰富的国家，有着悠久的建造历史，并且随着工业化进展，在传承传统木构建筑的基础上，形成了现代木结构建筑。本专题将借助相关邮品展示外国的传统木建和现代木构建、外国的木构建寺庙及木构建教堂。

一、国外木建筑

1.传统木刻楞建筑

传统木刻楞建筑是用原木（或称圆木）搭建的，其建筑方法主要是木头和手斧刻出来的，有棱有角，非常规范和整齐。房屋是在石头地基上盖，把粗一点的木头放在最低层，一层一层地叠垒，第三层压第二层，修建时一般不用铁钉，通常都用木锲，先把木头钻个窟窿，再用木锲加固。邮票伐木和造房（图10-1）。票面左侧为1746年造的木刻楞，右侧是1949年有梁柱的木结构屋。邮票内华达移民百年（图10-2）。票面展示100多年前（1851年），卡森谷移民在待开发的森林中，用原木搭建的木屋。邮票圆木屋（图10-3）。票面为扎奥捏日耶基日岛上一座建于1876年的木屋，全部建筑是用圆木和木板，包括厚木屋顶，房屋坚固保暖。邮票小木屋（图10-4）。票面展示在中欧西喀尔巴阡山群峰叠嶂、海拔718m的山岳地带，有一个弗尔科里涅斯村，村里一排排人字形的木结构建筑45栋，它们与周围壮观的自然景物完美地融合在一起，住有34名村民，1993年被列入世界遗产名录。这些在19世纪前建的木屋都没有烟囱，人们用烧暖气产生的烟熏烤室内，能增加房屋的耐久性。现存最古老的一栋建于1835年。如票面所示这些木刻楞屋保存完好。邮票17世纪谷仓（图10-5）。阿米什是德裔瑞士移民后裔组成的传统、严崇的宗教组织，过着与世隔绝的生活，他们拒绝汽车及电力等现代设施，于1693年正式分立阿米什派。邮票展示当时17世纪的谷仓，现在则成为旅游点，游人干农活睡谷仓。谷仓为木构建筑。邮票木屋（图10-6）。邮票取自2007～2008国际极地年，为第四次国际极地年

图10-1（加拿大）

图10-2（美国，1951）

图10-3（苏联，1986）

图10-4（苏联，1986）

图10-5（瑞士，1981）

正式启动而发行的小型张。木屋为木雕楞屋，木板屋顶。

图10-6（马恩岛，2007）

2.传统梁柱结构建筑和木雕

邮票八千代座（图10-7）。这是建于1910年的传统特色的歌舞伎剧场，票面展示木结构建筑剧场的风采。日本传统建筑类似中国的建筑结构，为梁柱、斗拱结构体系，但日本传统建筑都不用墙做支撑，而是靠纤细的柱来支撑，柱子下端深埋进许多大石块中，这种“漂浮”在地面上的结构形式适合于日本的地理特征。邮票民居建筑（图10-8）。这是波西米亚北部的木制框架结构民宅。如票所示整个建筑物的“骨架”由木头构成，取消了承重墙与非承重墙的区别。邮票门饰（图10-9）。这是雕刻花纹的便门，展现1848年高尔基川的雕刻品。

3.现代木构建筑

随着工业发展，对传统木构建筑的传承和发展，出现了现代木材建筑。邮票欧罗巴—现代木材建筑2枚（图10-10）。票画展示木檩架、板式结构，即木结构的民宅和公共建筑。现代工业以钢材、水泥、塑料等材料的优点占领了建材领地，但人们没有忘记古老的木屋比之现代砖、瓦、玻璃及金属结构的建筑物，更具有亲和力，也使人类更贴近自然。人们以新技术注入木材，使木材加工成各种型材，用于现代建筑设计。于是现代木结构在传统木结构建筑的基础上，更具有“绿色环保、保温节能，结构安全，抗震，防火安全，耐久舒适，节约成本”等优点。

图10-7（日本，2002）

图10-8（捷克，2011）

图10-9（苏州，1968）

图10-10（挪威，1987）

二、国外木建筑寺庙和宫殿

1.日本木建寺庙

邮票法隆寺、金塔、五重塔（图10-11）。7世纪初在日本奈良所建的法隆寺（公元607年初建），是现存日本最古老的唐代木结构佛教建筑群之一。1993年被列入世界遗产名录。殿内供奉着救世观音（国家级文物），像高178.8m，木雕贴金（见图15-3）。金塔和五重塔也为木建筑，仿效中国唐朝的寺塔建筑。邮票清水寺本堂（图10-12）。这座寺院位于东京，坐落在山腰上，总面积13万平方米，寺院的清水舞台，离地50米高，靠139根木柱支撑。它是京都最古老的寺院，1994年被列为世界文化遗产名录。

图10-11（日本，1967）

图10-12（日本，1977）

2.尼泊尔木建寺庙

邮票尼泊尔与日本建交50周年（图10-13）。票画为尼泊尔的尼亚波塔拉庙（Nyatapole庙）、日本奈良的法隆寺、尼泊尔的山脉、日本富士山及两国国旗。尼泊尔的尼亚波塔拉庙建于1702年，庙宇呈宝塔形，建造在方形台基上，全部以木建造，庙顶用红棕色瓦铺砌成尖形。共分为5层，每层都有四方形的屋檐向外伸展，与日本京都的寺庙有异曲同工之处。支撑塔庙的108根彩色木刻斜柱，刻画神像和花饰，绚丽多姿。1934年的大地震只对其造成很小的破坏。邮票庙宇（普票，图10-14）。一票为尼亚波塔拉庙，另一票为独木庙。独木庙是一座三层庙宇，位于加德满

图10-13（尼泊尔，2006）

图10-14（尼泊尔，1996）

都的闹市区一路口中央，庙始建于公元12世纪。整个建筑的木材都来自一棵婆罗双树，如今这座四方形的具有中世纪特色的建筑已成为当地著名的旅游景点之一。

3.韩国木建大殿

取自韩国2000年发行的千禧年系列七小版张上2枚邮票（图10-15）。其一票为凤停寺（Pongjungsa）的极乐殿，据说是韩国现存最古老的木结构建筑；另一票为景福宫（Kyongbok）的勤政殿（Kunjung），系木结构建筑，二殿系韩国从高丽王朝（918～1392）到朝鲜王朝（1392～1910）时期的古建筑。

4.越南木质古建筑

邮票古都顺化及古建筑3枚（图10-16）。顺化，在1635～1945年的300多年间，曾先后为封建王朝的都城，因其历史文化和保存完好的古建筑群，被联合国评为世界文化遗产，城内建筑布局基本上依照北京故宫的建筑结构。邮票展示顺化皇城在石台基上的古木建筑。

图10-15（韩国，2000）

图10-16（越南，2004）

三、国外木结构教堂

1、北欧木结构教堂

北欧文明的文化是建立在木质材料的基础上，在基督教进入斯堪的那维亚地区的初期，那里大多数的教堂是以木头（主要是松木）建造的，其后木制教堂很快被坚固的石造教堂所取代，然而挪威即使是在引进石造教堂之后，依然在继续修造木结构的教堂。在11～13世纪期间，挪威建立了1200座左右的木结构教堂，13～14世纪，挪威进入教堂建筑高峰期，木建筑的建造技术得到了极大改良，甚至发展成一门建筑艺术。挪威现仍有25～30座木建教堂，它们已有800～900年的历史，它们的独特的木质和矗立姿态共同演绎着挪威古老的文明神话。欧罗巴 · 木结构教堂雕刻版邮票2枚（图10-17）。邮票画面展示挪威木板教堂富有特色的建筑艺术，四方形的3层建筑，每层都有陡峭的披檐，上有尖顶。他们选用欧洲赤松为大型立柱、挪威赤杨为弧形支架、欧洲刺柏制作木钉好其他连接件。这些教堂建筑，让木材体现出超脱自然的社会价值和审美价值。邮票木制教堂2枚（图10-18）。前一票为兰米教堂，后一票为1758年建的伍顿教堂。

图10-17（挪威，1978）

图10-18（芬兰，1956；1970）

2.俄罗斯基日乡村教堂

邮票世界遗产基日岛木结构教堂3连票（图10-19）。右1票为一座于1714年建成的主显圣容教堂，它拥有22个圆顶，高达37m，分五层，消耗木材7000立方米，它为湖上船只起着导航的作用，教堂的主要部分没有用一颗铁钉固定连接，而是使用木质紧密的指纹松木。左一票为一座圣母帡幪教堂，建于1764年，是北部木制教堂罕见的式样，8个小圆顶戴在教堂的大八棱塔顶，簇拥着中心的第九个大圆顶，中央圆顶高27m。中间一票为1862年又在两座教堂之间矗立起一座木制八角形钟楼，构成非同寻常的建筑。所有建筑的墙体均用圆木垒造，古朴中透出均衡的节奏感。错落有致的教堂圆顶，用刚削好的山杨木梨形板呈梯状覆盖并镏金，天长地久变成今天这样高贵稀有的银白色，尤其是在阳光照耀下，闪烁迷人的光泽。这些建筑的木工工艺的科学性展现了变幻一般的视觉效果，并使这一古代教区得以永存。

图10-19（俄罗斯，2008）

3.喀尔巴阡山斯洛伐克段原木教堂

邮票原木教堂3连票（图10-20）。斯洛伐克人自古以来就善于利用丰富的森林资源来建造独特的木制建筑，其中就包括天主教、东正教及新教在内的木制结构教堂，2008年列为世界遗产名录中的喀尔巴阡山斯洛伐克段的原木教堂遗址，包括两座罗马天主教堂、三座新教教堂以及三座希腊东正教教堂。这些教堂建于16世纪至18世纪，当时这里还是一个被称作“高地匈牙利”的贫穷的小村庄。该遗址完好展现了当地浓厚的宗教建筑传统，以拉丁文化与拜占庭文化的融合为特征。当地人对木头这种材质有着执著的偏爱，他们用云杉原木盖房子，如邮票所示这些教堂为全木建筑，有的教堂甚至没有使用钉子或其他任何金属材料。

4.罗马尼亚马拉暮莱斯教堂

邮票教堂建筑（图10-21）。它是一座橡木结构教堂，位于罗马尼亚北部，那里仍保留这未有变更的民俗风情，有极其精致的木刻。该教堂是当地宗教建筑的杰出

图10-20（斯洛伐克）

图10-21（罗马尼亚，1997）

代表，同时又是东正教文化受哥特式建筑风格影响的代表作。1999年被列为世界遗产名录。这座有着尖塔的旧式木结构教堂，显示出当年精湛非凡的建筑技术。（参见图7-21封）。

5.立陶宛木制教堂和木制钟楼

不干胶自贴邮票木制教堂2枚、木制钟楼6枚（图10-22）。木制教堂分别为1737和1775年建造的。木制钟楼均系18世纪建造的。

6.加蓬木制教堂和立柱木雕

邮票教堂（图10-23）。这是为美国传教团到达加蓬125周年而发行的，是建于1842年的木板教堂，教堂离地而建，以适应热带气候，教堂周围有椰树成林。邮票教堂立柱木雕4枚（图10-24）。加蓬盛产木材，素有“绿金之国”的美誉。加蓬首都有一座基督教堂，建于1967年，几乎全部用当地盛产的木材建成。大殿外围的31根木支柱，每根柱子上都雕刻圣经故事中的场景和劝人从善的故事画面。如4枚邮票所展示，立柱木雕刻画细腻，且极具非洲特色。

图10-22（立陶宛，2011；2007）

图10-23（加蓬，1967）

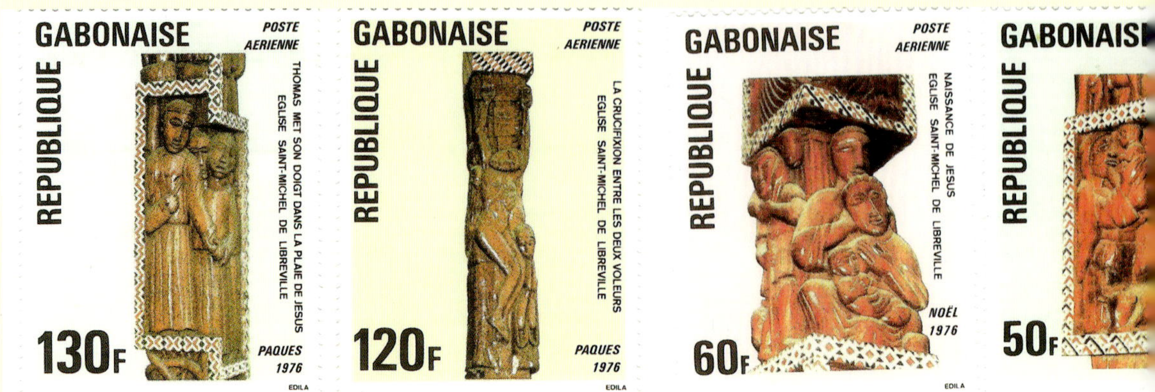

图10-24（加蓬，1976）

四、国外园林木建筑

（1）日本园林。受中国园林山水园的影响，日本园林保持与中国园林相近的自然式风格。日本民族顺应自然、赞美自然的美学观，其园林作品能反映返璞归真的自然观。日本园林建筑少、体量小，极力尊重自然的造化，很少用围墙。邮票偕乐园4连票（图10-25）。偕乐园是日本三名园之一，4票展示园内四季风光。在此仅就园林建筑和园林木作小品而言。左1票为好文亭，是一座二层二阶式的木建筑，其宽大的廊、窗为游人提供观景的广阔视野；左2票为园内小径，二旁为木栅栏，以保护二旁草地和树木，小径一段为一木制亭子；左3票为“吐玉泉”前的小径，其二侧为不同格式的木栅栏，以保护两旁园景；右1票为千波湖，可见有若干木桩、木栈道，几只天鹅在其上小憩。

图10-25（日本，2001）

(2) 树上小屋。肯尼亚自然保护区的树上小屋，是在空旷的原野上，搭建在数十根粗大的树干上的木屋，二边有梯子供人上下，周围被大树簇拥，底层离地约10米，野生动物可以自由穿行于木屋下。这就是肯尼亚的树上旅馆。旅客住在树顶上与动物相伴。小型张树上木屋（图10-26）。画面展示1952年2月伊丽莎白公主为观赏野生动物下榻“树顶”旅馆。木屋有木框窗可观看下方的大象在自由步行。木屋旁有楼梯、过道及木栏。木屋周围被大树枝簇拥，大树依然枝叶繁茂，有的树枝穿越楼板深入空间继续生长。树顶旅馆已成为肯尼亚的旅游热点。

图10-26（肯尼亚，1977）

专题十一

国外木建民居

因各国所处的自然地理条件不同、经济历史人文状况有差异，反应在木建民居方面也各有特色。民居建筑的发展，给人类建筑艺术留下了宝贵的遗产。以下借助相关邮品展示亚洲、欧洲及特殊地区的木建民居式样。

一、亚洲木结构民居

1.处于热带潮湿地区的高脚木柱屋

小版张马来西亚传统民居8票（图11-1）。票面展示房屋及结构示意图，全部木结构建筑在离开地面的支柱上，这种民居“浮脚楼”，是一种单纯建筑群。屋顶用棕榈叶覆盖，房顶坡度很大而且很长，既可使雨水顺畅流下，又可挡住窗户前强烈的阳光。墙身用树皮或木板制作。这种房屋不打地基，便于屋子搬迁，也可建在沼泽地上。马来西亚是一个森林资源极其丰富的东南亚岛国，其传统民居就因地制宜地构建在林地与森林的世界里。小全张泰国民居（图11-2）。如票画所示，泰国传统民居，采用木材建造，属吊脚楼形式，极好地适应了热带气候。其特点是高脚木柱，把底层架空，以利通风散热，又可避免洪水和野兽，下面部分可以养牲畜、做厨房；屋面陡峭，四周出檐；楼梯和厨房置于室外。小全张背景展示泰国的热带季雨气候的自然特点及木结构民居的建筑艺术。邮票造房4枚（图11-3）。这是为国际住房年而发行的，画面展示锯木备料、搭建房屋及已建成的民居。老挝地处热带和亚热带季风气候，为适应当地气候也是把房屋建在木柱上，使房屋通风、防潮。邮票少数民族住宅3枚（图11-4）。越南地处热带季风气候，住宅也建在木柱架上，如前2票所示，且屋面长、陡峭；另一票是在高

图11-1（马来西亚，2009）

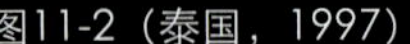

图11-2（泰国，1997）

图11-4（越南，1986）

图11-3（老挝，1988）

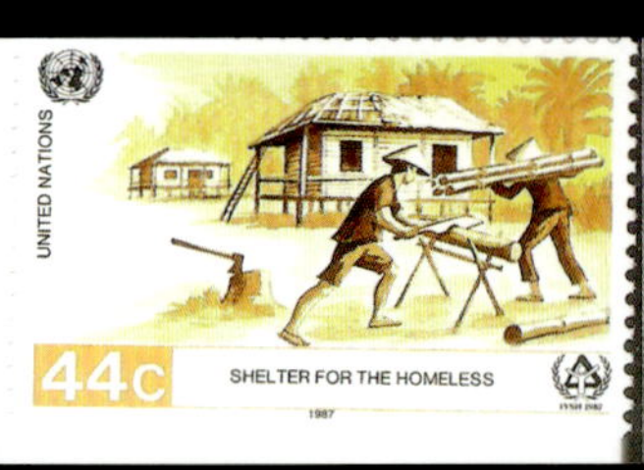

图11-5（联合国，1987）

地上建的住宅，免去了立柱。三种住宅均系木结构建筑。邮票建设新家园（图11-5）。票右下角有老挝邮票徽志，左上角为联合国徽志，票面展示人们在锯材备料建房的情景，票上方为已建成的木结构住宅。

2.日本木结构民居建筑

日本民居房屋的建筑用材取自原生态的木材，这与其民族崇尚自然喜好“素材”的秉性密不可分，他们认为只有自然的才是最健康的。日本大部分地区气候温和，盛产木材，取材、运材方便，又能防地震。木架草顶成为日本典型传统建筑形式。邮资片合掌村及邮票白川村民居3枚（图11-6）。合掌村，位于岐阜县白川乡，1995年被列入世界文化遗产名录。所谓“合掌造法”，是指在屋梁上用木材撑起的屋顶，犹如二手合掌的建筑法。倾斜陡峭的茅草屋顶是这种建筑的最大特征。这种尖顶木屋共有4层高，地下一层一般是煮食、宴客之地，木屋的构造、御接、支架等内部结构都呈现在眼前，不用铁钉。建筑的屋顶约30年更新一次茅草，届时将合全村人之力，互帮互助，当地人将这种合作方式称之为“结”。白川乡的狄

图11-6（日本，1999）

町是最大的历史村落，有120多间合掌屋，其中一部分仍是民宅，另一部分则被划为游览区，称为“合掌屋民家园”，形成了一个没有电线杆、没有街灯、没有汽车的江户时代的村落模样。邮票画面展现合掌造木屋，在屋面檩条支撑体系上面下的工夫比较多，使这个四、五层高的建筑屋面可以直探到二层，建筑重心尽量下降，从而保证了整个建筑有良好的稳定性，这大概是这种建筑能够留存上百年，并且在多次地震中仍然不倒塌的重要原因。但这类建筑存在采光问题及火灾隐患问题。邮票长野县小旅馆2枚（图11-7）。一票为中山道妻笼宿，画面展示江户时代驿站风情。中山道是连接江户与京都的古道，古街二旁都是大大小小的旅馆客栈。随着明治维新后兴建了公路和铁路，中山道的交通功能便被取代，驿站也随之萧条，另一票为中山道马笼宿画面展示河岸的小旅馆。

图11-7（日本，1999）

二、欧洲传统木结构民居

（1）芬兰的传统木建筑。在芬兰寒冷漫长的冬季里，树木是人与自然之间的连接桥梁。它燃烧时产生的热量能够驱除严冬的寒冷，温暖人们的心灵。木头会给人温暖的感觉，它给人的感觉温暖要高于其实际的物理温度。木质建筑给人的温暖感，有一种家的感觉。直到20世纪初，除赫尔辛基外的其他城市的基本面貌还都是一些低层的木质建筑。芬兰国最古老的木屋长达4百年历史，至今仍在发挥作用。小本票独立式住宅建筑10票（图11-8）。其中黑灰色的原木构建的木刻楞屋，木材保持原色；左下一票为原木榫；左下1、3票的墙体为木板。所有民居均为木结构建筑。

（2）瑞典木结构民居。瑞典境内森林资源丰富，盛产木材，发展木结构民居可谓得天独厚。瑞典民居多为原木构造，木板搭建。雕版邮票木结构民居4枚（图11-9）。邮票之一为小木屋和之二为旷工宿舍，是典型的原木建筑，俗称木刻楞；邮票之三为北欧农舍，系木板房建筑；邮票四为北欧农舍，由木架、木条及草泥等材料建成。

（3）奥地利农场木屋。邮票木刻版画（图11-10）。画面展示阿尔卑斯一农场木屋，屋梁、柱、墙、窗、屋顶等均用木材搭建。

（4）德国古老的木桁架式建筑。邮票古建筑2枚（图11-11）。二建筑分别位于埃平为1582年建及迪舍特留伯尔1734年建。邮票传统农舍建筑5枚（图11-12）。如图面展示其建筑特色为：房屋骨架用很多木料做成木架构；墙面为木格，中间用草

图11-8（芬兰，1979）

图11-9（瑞典，2004）

图11-10（奥地利，1978）

图11-11（德国，2010）

图11-12（德国，1996）

泥、板条或砖镶嵌；屋顶为陡峭的两坡顶；有一层或二、三层房。这种传统风格木制农舍建筑，有其鲜明的民族特色，如今常为游人所注目。

（5）捷克的民族建筑。邮票民族建筑10票（图11-13）。10票依次为：霍拉河畔的屋顶、萨里斯教堂、赫龙河畔的钟楼、雅西斯克民居、梅尔尼民居、赫鲁迪姆教堂、奥提瓦村舍，图尔诺夫村舍、利普托夫旧屋及房舍和路灯。图案展现各类木建筑的特色。

（6）南斯拉夫传统民居。邮票木屋（图11-14）为南斯拉夫原木构造的民居。

（7）罗马尼亚村博物馆。邮资片村博物馆（图11-15）。这是一座原木建筑的村博物馆。罗马尼亚于20世纪30年代从各地农村搬迁过来66座乡村建筑，包括房舍、教堂和作坊等，建起一座乡村博物馆，邮片上的画面即其中之一座建筑。

以上传统木结构建筑，含民居及教堂、钟楼等社区公共建筑。

图11-13（捷克，1971）

图11-14（南斯拉夫，1993）

图11-15（罗马尼亚，1961）

三、特殊地区的木建民居

（1）水上桩屋。①达荷美。邮票水上桩屋和舟（图11-16）。贝宁是水上之国，有很多泻湖，周围长满高高的棕榈。所有村镇都建造在木桩上，窄窄的独木桥是那里唯一的交通设施。17世纪初，原住民为避强敌，便纷纷潜逃湖上栖身，天长日久，便渐成“水上人家”。他们的“水上琼楼”多以碗口粗圆木插入水中打桩，在水面上一、二丈处建成一幢幢高脚、尖顶茅屋，散落湖面。屋内有内外室、厨房和平台。水上村庄在蓝天、白云和湖光水色衬托下，风光格外倚丽迷人，被世人誉为“非洲的威尼斯城”。②海岸村庄邮票2枚（图11-17）。岛国巴布亚新几内亚属热带雨林气候，如票图所示用木桩支撑搭建的木板房，各式板房散落在水面，形成独特的海岸村庄。

（2）极地原木屋。邮票房屋（图11-18）。画面展示北极维京群岛上的房屋，系用原木建造。岛上气候寒冷，原木屋为人们居住提供良好的保温环境。

图11-16（达荷美，1960）

图11-17（巴布亚新几内亚，2003）

图11-18（格陵兰，1999）

专题十二

木质家具及文化、生活器具

家具是指在生活、工作或社会实践中供人们坐、卧或支撑与贮存物品的一类器具、设备，它不仅是一种简单的功能物质产品，而且是一种广为普及的大众艺术，它既要满足某些特定的用途，又要满足供人们观赏，使人在接触和使用过程中产生某种审美快感和引发丰富联想的精神要求。纵观家具发展史，它与建筑、雕塑、绘画等艺术形成同步发展，家具融技术、材料和工艺于一体。下面借助相关邮品展示传统实木家具、近代木质家具，以及木质文化、生活器具。

一、传统实木家具及木雕装饰

1.中国传统明清家具

如专题一所展示的中国古代低矮家具邮票，至宋代，中国传统木家具的选型、结构基本定型，至明代大放异彩，进入了一个辉煌时期，并在世界家具史中占有重要地位。

（1）中国世界遗产明信片乾清宫内景（图12-1）。乾清宫是故宫内皇帝寝宫兼日常办公之地。如片中所示悬挂在天花板下方的“正大光明”木质匾额、雕龙浴金的硕大屏风，共同划出一片笼罩着皇权威严的独立空间。屏风的高度和体量是家具中的极限，它多以木料为骨。片中屏风为金漆雕龙，气势壮观。屏风前放置一金漆蟠龙宝座，供皇帝专用。

（2）中国世界遗产明信片宏村承志堂正厅（图12-2）。承志堂是安徽宏村第一富商的住宅，正厅上方放有八仙桌、八仙椅。八仙桌是一种用料精良的方形雕花木桌，其后方有一红木条案，条案中间摆着自鸣钟，其东边摆有古瓷瓶，西边摆着精致的木底座镜子（俗称东瓶西镜），此意喻为“终生平静”。

（3）邮票明清家具（坐具）6枚（图12-3）。6票分别为：宝座，帝王专用的

图12-1（中国，2010）

图12-2（中国，2010）

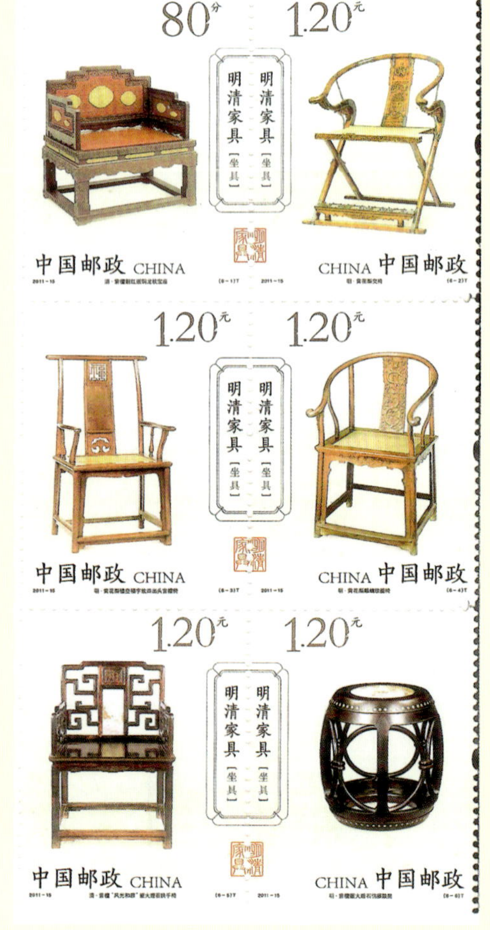

图12-3（中国，2012）

大型坐具，其形体庄严伟岸，装饰繁复华贵，处处彰显着统治者的无上尊贵。交椅，亦称胡床，起源于古代的马扎，因椅足呈交叉状遂称交椅。在等级森严的封建社会，“坐第一把交椅”便成为了首领的代名词。官帽椅，其造型酷似古代官员的官帽而得名。圈椅，圈背和扶手由高至低贯通而下，接连成半圆形，故称圈椅。其造型圆婉优美，线条简洁流畅，是明清家具中最为经典的制作。太师椅，是唯一用官职来命名的椅子。其靠背板、扶手与椅面之间成直角，形制庄重严谨，是清代家具造型风格的典型代表。鼓墩，呈圆形，且腹部大，上下小，尤似古代的鼓，故称鼓墩。

中国传统家具以其无声的语言记述了中国传统文化的一段历史，它们的特点是：

（1）材料来自于天然木材。实木家具与木构建筑是不可分割的一个整体，建筑在表、家具在内，满足人们回归自然的心理。木材经设计加工变成家具，保存其天然纹理，甚至它的细胞仍是活的，还在呼吸，它像是有生命的活物。

（2）家具用质地坚韧的硬木作材料，构件之间完全不用金属钉子，仅仅依靠榫卯就可以将各构件连接得天衣无缝、间不容发。正是榫卯结构构筑了中国传统家具独立于世界家具之林。

（3）硬质木材是可雕可刻的。硬木可创造出具有一定空间的可观、可触的艺术形象，借以反映社会生活，表达工匠的审美感受、审美情感、审美理想的艺术。

（4）家具形态及其装饰符号始终在传达和表述着一定的文化信息和社会属性。皇室内的屏风、龙椅，园林室内家具与宗祠内的桌椅的明显区别就是最好的答案。所以，中国古典家具不只是一种承载中国人生活习性和地域文化的起居工具，而且在造型设计、阴阳多种线条及各种文饰雕刻的应用上，以其含蓄的文化寓意，展示了中国的儒家思想和佛教道教文化。

2.中国仿古家具

邮票家具4枚（图12-4）。票面展示了台湾早期生活用家具，均为木材制作，基本框架为榫卯结构，选用特定的款式、纹样，打磨和上漆，为仿古传统家具。邮票面盆架，造型华丽的放置脸盆的架子，上部各部位精雕细琢，常为陪嫁家具之一。邮票红眠床，用材质坚固的木材制作，雕工精美，多漆以红色，故称红眠床。邮票太师椅，是民居中重要的和尊贵的座椅，如票图背景所示，椅子成对放置，中置茶几。邮票八仙桌，是民宅大厅中央放置的供桌，如票背景所示，方便祭拜。供桌雕饰内容大多以八仙过海来衬托富贵吉祥，故称八仙。

图12-4（中国台湾，2003）

3.外国古董家具

（1）邮票家具10连票（图12-5）。上排邮票从左到右展示：有靠背和扶手的长椅，有木香味的椅子、床、摇床、存水的水箱和积水木盆；下排邮票由左到右分别展示：时尚橱柜、木橱柜、教堂用椅子、椅子、放圣经桌子。每票下方都注明家具制作的年代，展现十八九世纪古老的木质家具。

（2）邮票摇篮和椅子2枚（图12-6）。这是瑞典19世纪艺术木制家具，展现精美的北欧风格的家具。北欧家具风格讲究回归自然、崇尚原木韵味；给人的整体感觉是庄重典雅，结构简练、线条流畅、艺术性强。

（3）附捐邮票古董家具4枚（图12-7），画面展现的是瑞士博物馆藏品，有雕刻精美的木箱、童床、橱柜。

（4）4方连木器雕花（图12-8），画面展示了挪威精美的传统木器雕花。

图12-6（瑞典，1980）

图12-5（南非，1992）

图12-7（瑞典，1987）

图12-8（挪威1993）

二、近代常用木质家具

1、家庭用木质家具

图12-9（中国，1993）

（1）实木沙发和其他坐具。邮票毛泽东诞辰一百周年（图12-9）。画面凸现毛泽东坐在一实木沙发上，旁边放置一木质茶几，背面有木质书橱。中国为解决传统家具的“舒适性”问题，于20世纪80年代在珠江三角洲掀起家私消费“原木热”的实木沙发，将椅子的设计推动中国现成家具创新的突破口，并于1992年开展了全国性家具设计比赛，“联邦椅”浮出水面，成了中国现代家具的里程碑。如小型张怀旧电话（图12-10）所示。小型张底图左侧为一妇女坐在实木椅上打电话，这木椅制作线条复杂，突现精美雕工，旁边的实木茶几也极具艺术性。邮票木椅（图12-11）。这是国际室内设计作品，一张方便移位的木制折叠椅。

（2）书架及其他常用家具。邮资品书橱2枚（图12-12，12-13）。一为小型张，票图展示一作家在书房，内有木制书橱。另一为邮票遵义会议三十周年，票面展现室内常用的木质家具，有木架折叠躺椅、矮桌、小板凳、柜子、木箱等。

（3）木质餐食用具。邮票食器4枚（图12-14）。票面分别为：饭桶及桶架，

图12-10（澳门，2011）

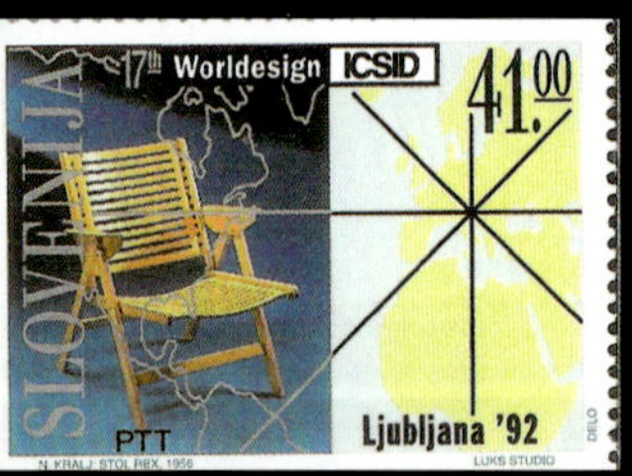

图12-11（斯洛文尼亚，1992）

图12-13（中国，1965）

图12-12（马来西亚，2002）

图12-14（中国台湾，2007）

为木质桶和桶架；蒸笼，四方形木制方形蒸笼，具有保温效果；饭盒，木制方形饭盒，便于提拿食物；食具，票图右下方为木质筷笼，又称箸笼。4枚邮票背景图示为相关食器的使用。

2.教室、礼堂用家具

（1）教室用木制家具。邮票牧区小学（图12-15）。票面展示教室前方放置木制讲台，墙上挂有木质黑板，黑板上挂着木质教学用算盘，教室内摆放着木质课桌和凳子，佩戴红领巾的少年儿童在认真地听老师讲课。

（2）礼堂开会用的讲台。邮票刘少奇同志诞生85周年（图12-16）。画面展现1956年中共八大会上刘少奇站在木质讲台前作政治报告的情景。

3.商业活动用的家具

（1）小型张中药铺（图12-17）。画像含李时珍口尝中草药、称量及熬炖中药场景。小型张底图右半为中药铺，有实木橱，含众多的小抽屉，存放各类中药材；药橱的前面放置木质柜台。票中熬炖中药用的是木炭。

(2) 邮资封老上海（如12-18）。画面展示卖梨膏糖的店铺，店内柜台及为顾客准备的长凳均为木材制作。

(3) 邮资封老北京（图12-19）。画面展示一男子串街游走为顾客磨剪子磨刀，他肩荷一木板凳，一头放有磨刀用的工具箱。板凳既可在行走时当扁担，又可在磨刀时当工作场地。

图12-15（中国，1976）

图12-16（中国，1983）

图12-17（中国澳门，2003）

图12-18（中国，2008）

图12-19（中国，2010）

三、木质文化、生活器具

1.木质文化用具

（1）铅笔。邮票扫盲手握铅笔及世界扫盲日—儿童写字（图12-20）。左票展示一儿童手握铅笔写字；右票展示手握铅笔。铅笔最早是用木片把石墨粉粘合起来而成的，随着世界各国开展扫盲活动，需要消耗大量的木材制造，后以塑料替代木材。

图12-20（伊朗，1992；乍得，1968）

（2）算盘。邮票算盘、世界会计师大会—算盘、中国算盘集成电路和数字及会计师协会100周年、古代算盘和现代电脑终端4枚（图12-21）。如专题一所述，中国是算盘的故乡，在计算机已被普遍使用的今天，古老的算盘仍以其灵便、准确等优点，在许多国家方兴未艾。算盘多为木制，后有了塑料等制品。这里展示的4枚邮票，告之人们自发明了计算机，算盘依然有其存在的空间，木制算盘的生产依然在继续。

图12-22（奥地利，1993）

（3）邮票木制机械打字机（图12-22）。这是19世纪（公元1822～1893年）的木制品。

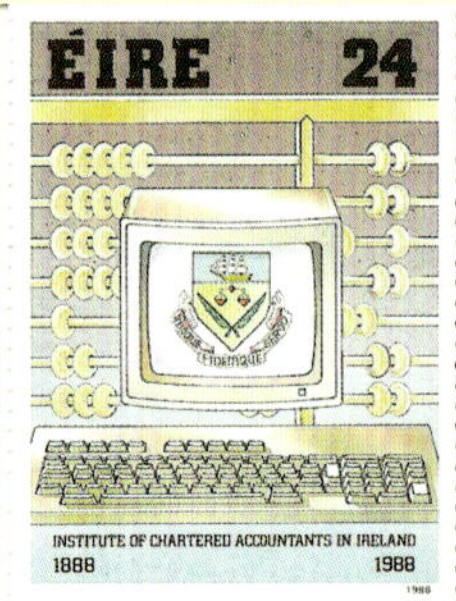

图12-21（中国澳门，2001；日本，1987；澳大利亚，1972；爱尔兰，1988）

(4) 邮票木桶漂投邮政3枚（图12-23）。票面展示众人在往木桶中装要投递的邮件，然后将木桶装在二只帆船上，帆船行至轮船旁将木桶移至轮船送去投递的目的地。

图12-23（科科斯群岛，1984）

2.木质生活器具

(1) 食具。邮票服务行业中的妇女（图12-24）。画面展示一服务员手持一把木筷子。世界上使用筷子的地方有中国、朝鲜半岛、日本等，占世界人口的五分之一的人使用筷子。最早的筷子是用竹、木做的，后来有金、银等金属和象牙、塑料等材料制作，如今许多筷子已步入工艺的行列。日本的筷子种类十分丰富，如进行祭祀的筷子多用清洁的白色柳木制作，认为柳木是可抵御妖魔、驱除邪气和不祥的神木。随着快餐的兴起，筷子需求量大，现主要利用建材、造纸材的加工剩余木制作。邮票欧罗巴—木碗（图12-25），这是工艺木碗。邮票木勺（图12-26）。木勺是一种有柄的可以舀取东西的食具。邮票饼模（图12-27）。饼模俗称饼印，是一种传统工具，制作月饼的工具。饼模用木材制成并雕刻成各种图案，是中国传统的手工艺，历史悠久。民间艺人在质地坚韧的柚木、山楂木板上挖出印模，用各种刀法雕刻出图案，提升饼模的审美价值成为民间艺术品。2连票盛食物的容器（图12-28）。画面展示放煎饼的木盆和装腊肉的木桶。

图12-24（中国，1966）

图12-25（冰岛，1976）

图12-26（泰国，2002）

图12-27（中国澳门，2009）

图12-28（斯洛文尼亚，2005）

图12-29（日本，2002；韩国，2003）

图12-30（塞浦路斯，1978）

（2）木屐。一种木底鞋的总称，为我国古人所钟爱，中国人穿木屐的历史至少有3千多年。如今，穿木屐最多的当属日本。邮票木屐2票（图12-29）。日本票画面展现在传统节日里，身穿传统和服，而木屐在整套的和服中，扮演着至关重要的角色。

（3）拐杖。邮票社会安全体系2枚（图12-30）。票面展示一受伤男子和一行动不便者，借助拐杖行走的情形。拐杖通常选用黄杨、紫檀、红木类等硬木为材料。

专题十三

木质车舟等代步工具

当我们进入近现代社会，木材仍是人类代步车舟制造的重要材料。由木板车演变到木制轿车；由独木舟、小木船发展到海轮，木材由造船的基本材料到船内装饰的重要材料。下面以相关邮品展示木质车、船及其内部装饰及飞行器，以领略木材在近现代社会制造代步工具中的作用。

一、陆地上木质代步工具

1.用木质轮驱动的人力、畜力车

图13-1（澳门，1987）

邮票传统运输—手推板车（图13-1）。这类木质板车，制造方便、造价便宜，如今仍在一些农村使用。邮资片倒水的（图13-2）。图面展示老北京为各家送水用的独轮车，车轮系木制，车上左右二旁的椭圆水柜和地上放的水桶均系木质。独轮车占道面积小，可自由地在小胡同里游走，停车向水桶注水时，有木支架固定，独轮车为倒水人送水提供方便。邮票传统运输工具—牛车（图13-3）。3枚邮票展示木质牛车车型。老挝至今还没有一条铁路，公路仅少部分主干线是柏油马路，其他全是泥沙土路。偏远山区靠大象和牛车作为主要交通运输工具。旅游者可见牛车或行走在土路上，或闲置在家院中，而拖拉机则在大片田地中轰轰作业。邮资片牛车渡江（图13-4）。这是一张民俗风情片，展示上世纪初，钱塘江潮水退去后，留下大片滩涂，船不能泊到岸边，在码头和船之间，都是靠牛车运送货物。画面即有2头水牛拉着木质2轮车在滩涂上行走的情景。如今在我国一些沿海滩涂上还能看到有牛车把不能靠岸的海船上捕捞到的鱼类海产品转运到岸上。邮资片暮色情怀（图13-5）。画片展现守候在蒙古包旁的勒勒车。勒勒车是北方草原上的古老交通工具，这种车车身小，但双轮高大，直径一般均在1.5～1.6m左右。它是用桦木或榆木制成，不用铁钉，结构简单，易于制造和修理。车自重约一百斤左右，可载货五六百至千斤。它适于草地、雪地、沼泽和沙漠地带运行，用牛拉、马拉、骆驼拉都行。一人可驾驭3、5辆，甚至10辆，故有“草原列车”之称。在平时生产生活中，勒勒车主要用于拉水、运送燃料，倒场迁居时装载蒙古包和其他生活用具和用品。勒勒车车体上用柳木条弯曲成半圆形的车棚，棚周围包以羊毛毡，形成帐篷，以遮阳光、挡雨、防雪。2006年蒙古族勒勒车制作技艺被列为第一批国家非物质文化遗产名录。

2.木制旅行轿车及房车用木装饰

邮票wood wagon（图13-6）。这是一辆旅行轿车，由于轿车的乘坐和驾驶部分采用木质材料，所以被车迷称为木制旅行轿车，流行于20世纪30年代，在二战钢铁紧缺时期更是风靡一时。这枚票是美国邮政发行的《美国文化》系列普通邮票的第6枚邮票，是一枚无面值、不干胶卷筒邮票。首日封房车的演变（图13-7）。封上5枚邮票为50年代、60年代、70年代、80年代及当代经典房车。房车不仅是西方发达国家

图13-3（老挝，1996）

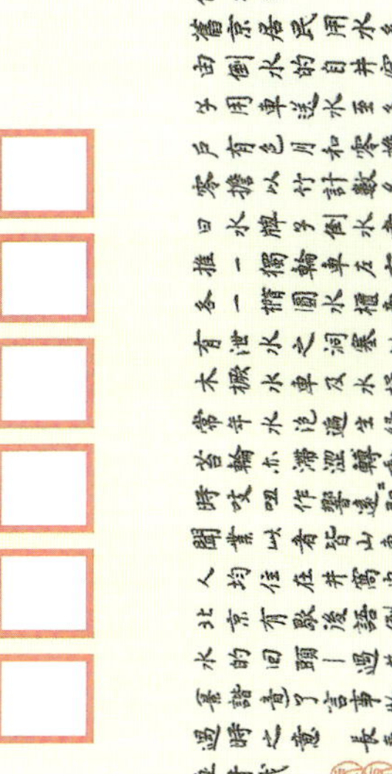

图13-2（中国，2008）

图13-4（中国杭州，2000）

图13-5（中国，2000）

图13-6（美国，2001）

休闲旅游的重要工具，也开始成为人们的生存空间，它将人的行与住合二为一，是一种可移动、具有居家必备设施的车种。房车的雏形在发明汽车前就有了，那就是吉普赛人的大篷车。1920年有人把木结构的简易房固定在汽车T形的底盘上。1930年房车运用了飞机的结构设计，而且装备了床、餐桌椅，且具备供电供水的功能。第

图13-7（澳大利亚，2007）

二次世界大战后，随着汽车的普及，更多的美国人开始寻求移动生活，房车业也随之繁荣起来。到1950年，拖挂型房车发展到30英尺大豪华别墅。据2003年统计，澳大利亚有10%的国内游客在营地停留过夜，平均停留6.1个夜晚。木材为房车提供装饰及家具用材。

3.轿

轿，也称轿子，是一种靠人扛、载而行，供人乘坐的交通工具，曾在东西方各国广泛流行。轿子最早是由车演变而来。传统的轿子系木制长方形框架，于中部固定在两根具有韧性的细圆木轿杆上。轿底用木板封闭，上方可坐单人或双人的靠背坐箱。如今轿子以抬椅、滑竿为主，主要用于旅游区为行动不便的或老者在崎岖的山区游览。六角形4连票传统文化系列—轿子（图13-8）。画面展示有箱式轿、独轮轿、抬椅等式样，由木材制造，技术精湛。邮票轿子（图13-9）。画面为4人抬扛的抬椅轿子。另我国古代迎亲桥子见专题三。

图13-8（韩国，2003）

二、内河木船

1.中国内河木船

图13-9（刚果人民共和国，1975）

随着工业化进程，用木材作为船体结构的木制船主要在内河航行，传统用橹、桨等行驶，如今已多数由电动力替代。邮票中共“一大”南湖会议会址（图13-10）。这一木船是当地的丝网船，用来运粮货的，船长16m、宽3m，有船头、前舱、中舱、后舱、船艄五部分构成。邮票水乡嘉善西塘（图13-11）。这是一艘带篷的木船，为西塘盛产黄酒的鱼米之乡运货物用，木船用橹摇动前进，适用于水乡狭窄的水道航行。邮票水上小学（图13-12）。在中国南方，当年仍有少数渔

图13-10（中国，1991）

图13-11（中国，2001）

图13-12（中国，1995）

图13-13（中国，2000）

民世世代代以船为家，住行都在船上，为船民子女能受教育，在船的船板上办起了学校。邮资片船埠即景（图13-13）。画面展现20世纪杭州西湖边众生百态，可见带有木棚的木船、打鱼的小木船、游览西湖的木船等。从以上邮品反映20世纪在南方木船与人民生活、生产的关系，不仅是水上航行的工具，还是部分渔民的住处。而今木船作为货运工具已被其他运输工具替代，传统渔家迁至陆上定居，木船已失去住宿的功能，更多的木船已成为旅游的行驶工具。如杭州运河上新增的仿古漕舫，就是新型玻璃钢漕舫客舱，木制结构、全封闭形式，宽视角弧形玻璃窗，延续“漕舫”木包钢的外装工艺，即有仿古的外观，又具现代化的设施设备，船体则采用玻璃钢材料。让游客在舱内与木质材料亲密接触感受自然。

2.东南亚水乡木船

小型张水上船只4种及水上市场邮票1枚（图13-14）。泰国河网非常发达，水上交通工具如小型张所示，有各类木船，有张帆的、电动驱动的、手划桨的，以适应消费者的多种需求。岸边用木材建造船埠，供木船停靠。传统泰国木船不仅是运输工具，如邮票所示还为水上市场摆摊，小木船满载各种水果穿流于河道便于来往者购物。邮票木板船（图13-15）。票

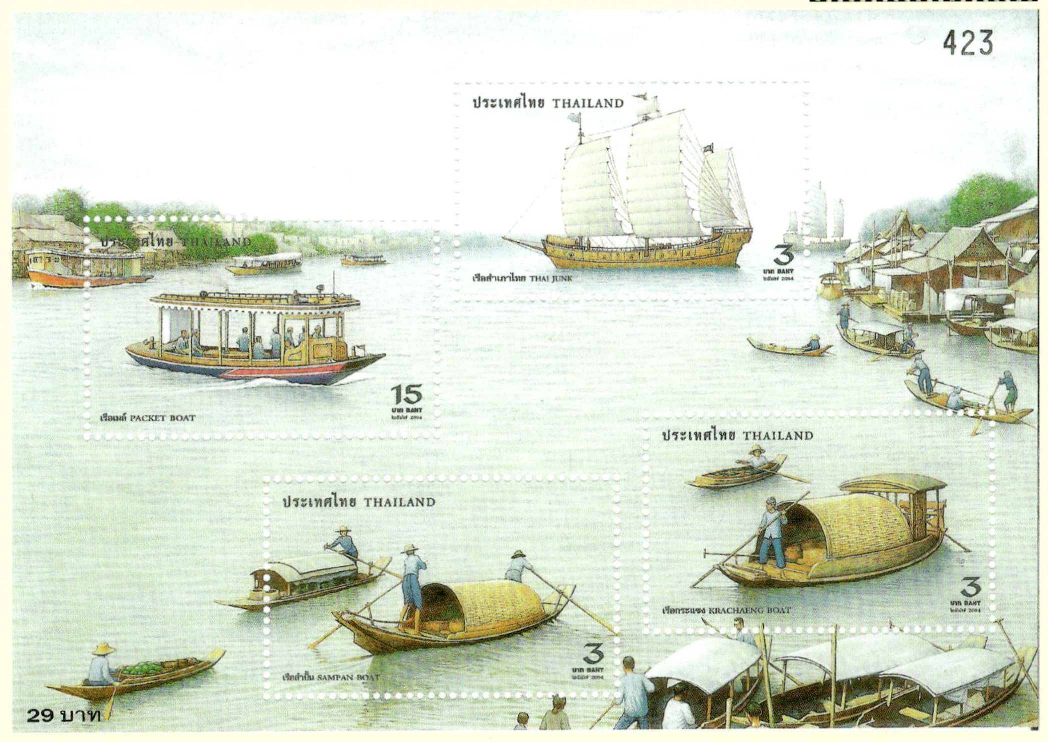

图13-14（泰国，2005；2004）

面展示靠一根根木桩支撑而搭建的河边高脚屋，住在那里的水上人家，木船是他们不可或缺的交通工具。

图13-15（马来西亚，2005）

3.湿地小木船

邮票湿地公园（图13-16）。这是欧洲自然遗产——胡托沃布拉图Hutovo Blato 国家湿地公园，票面展现湿地、野鸭、木船、水草等景象。为保护湿地自然生态系统，湿地游船必选木质船。另图13-16邮资片河北省白洋淀湿地中的木船。

图13-16（波黑，1994；中国，1995）

三、海上木船及船头木雕

1.独木舟及船头木雕

小全张传统工艺·独木舟及木舟船首邮票4枚（图13-17）。巴布亚新几内亚位于西南太平洋，有600多个岛屿，故称岛国。独木舟体现着大洋洲民族的生活特征，从巨大的远征用独木舟，到最简单的捕鱼用独木舟，独木舟为岛民带来食物，带来便利的交通。因群岛分布广阔，每地区都会由于特定的地理环境而拥有特定的造船材料，形成各具特色的独木舟造。如小全张4枚邮票所展示的那样，独木舟艺术成为海洋文化的一个象征。邮票传统帆船独木舟4枚（图13-18）。斐济系南太平洋岛国，由300多个岛屿组成，独木舟是当地人的主要交通工具，如票面所示一艘艘五颜六色的扬帆独木舟，疑似从这个国家古老的传统驶来。小型张独木帆船（图13-19）。这是加拿大国际邮展—土著独木帆船的小型张。邮票独木舟（图13-20），是刚果发行的交通——独木舟邮票。几千年来，由于生产发展和社会进步，独木舟已为其他船艇所替代。但是在一些边远偏僻的地区，独木舟仍有独特的生命力，如上面展示的邮票即为现代的独木舟。在我国西藏、云南、广西等一些少数民族地区至今仍在制造和使用独木舟，还组织民间的独木舟竞技比赛。

图13-17（巴布亚新几内亚，2009）

图13-17（巴布亚新几内亚，1997）

图13-18（斐济，1977）

图13-19（所罗门群岛，1996）

图13-20（刚果人民共和国，1975）

2.木质海船及船头木雕

邮票木船建造过程4方连（图13-21）。托托拉岛（Tortola）自1855年至今，沿用传统方法造船。首先确定龙骨的长度和大小，船首和船尾适当伸出，木制船桅是龙骨的1.75～2.0倍。龙骨最好取热带硬木，如南洋杉。铺厚木板。4方连的左上为造船第一步骤，右上为造船第二步骤，左下为船下水，右下为首次航海。

图13-22（英属维京群岛，1975）

邮票船头雕（图13-22）。在古代，人们给船安上木头雕的飞禽形象、图腾鸟和神话里的野兽。延续至今，造船时人们都想用一种优越的含义抬高自己的船头。邮票画展示金色的鹿、雄伟的狮子及敬畏的人像。邮票造船业2枚（图13-23）。2票为木制快速帆船Sizopo1号及双桅帆船Perseus号。邮票造木船（图13-24）。画面为2人在海岸造木船的场景。邮票运送圣树苗的木船（图13-25）。这是一艘有船首雕饰的木船把菩提树圣树苗运送到斯里兰卡，众信徒在岸边迎接船靠岸。

图13-21（英属维京群岛，1983）

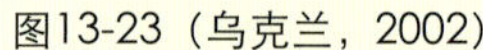
图13-23（乌克兰，2002）

图13-24（格林纳达，1980）

图13-25（斯里兰卡）

3.邮艇的内部装饰

小版张“泰坦尼克”号内部的豪华陈设（图13－26）。1912年当时世界上最大的豪华客轮泰坦尼克号在北大西洋沉没，小版张再现了当时客轮的豪华陈设。休息室有精细的木质镶板装饰，楼梯是橡木镶板并在栏杆上的镀金，各类高级家具及其他装饰都以木材为基本材料。从打捞得知柚木甲板至今完好。可见木材是海船内部装饰不可或缺的基本材料。

4.快　艇

邮票老式桃花心木装饰板快艇不干胶4连票（图13-27）。票面展示从右到左分别为1915、1931、1939、1954年4款快艇式样。

TITANIC

图13-26（科摩罗，1998）

图13-27（美国，2007）

四、木质飞行器

1.滑翔机

邮票滑翔机3枚（图13-28）。这是为滑翔机发明75周年发行的邮票。1903年12月17日，历史上第一架木制滑翔机诞生，机身骨架和机翼全部是用又轻又结实的枞木和桉木制成的，并配有枞木制的螺旋桨。邮票展示三种式样的滑翔机。邮票木制滑翔机（图13-29）。这是立陶宛航空博物馆馆藏的最大的滑翔机，是1960年出厂的木质Bro-12型训练用滑翔机。

2.飞　机

邮票飞行者1号（图13-30）。邮票为莱特兄弟及他们的飞机“飞行者1号”。30年代早期莱特兄弟俩制造了H01木质滑翔机，1944年第一架喷气动力飞翼机H01XV2，翼身中部采用传统的焊接钢管结构，机翼外段部分则是全木结构，其重要边缘由薄木片与树脂压合而成的特殊强化材料制成。

为适应工业社会交通运输的发展需要，运输工具主要由钢铁、塑料等材料制造，而在海岛、水乡一些地区小木舟仍在继续使用。汽车、轮船的内部装饰仍以木材为首选材料，让人们在房车、船舱内仍然享受木材的自然生态的感觉。

图13-28（马尔代夫，1978）

图13-29（立陶宛，2003）

图13-30（乍得，1978）

专题十四

木板刻印、木版画及木质邮品

人类最先是在木板上写字、刻字、刻画，当发明了纸后，将木板上刻的字和画拓印在纸上；当人类发明了印刷术后，木刻字和木版画可大批量印在纸上；随着工业化进展，金属替代了木板，仅剩部分传统方法在某些地方沿用，如木版年画、木活字印家谱。以下用相关邮品展示木牍、木版刻印、木刻版画及木质邮品。

一、木简、木牍

我国早在春秋战国前后的时代，用墨、漆书写文字的载体，主要是削制成狭长形状的竹片或木片。竹片称“简”，木片称“扎”或“牍”，通称为“简”。若干片简编缀在一起，即成册。册就是竹片简用绳子串在一起。

（1）邮票简牍档案·汉代木牍（图14-1）。票面图取自江苏连云港东海县尹湾汉代木牍“博古局”。尹湾汉墓群是一家族墓地，共出土简牍157件，其中竹简133枚，木牍24方，所载汉字约4万字。文字细小如蚊，仅2mm见方。木牍上的汉字至今清晰可辨。

（2）邮票驿使图（图2-12）。画面可见驿使一手举的就是木牍文书，正在骑马飞奔传递。

（3）邮票古文笺文稿（图14-2）。这是斯里兰卡（旧称锡兰）为国际教育年发行的邮票，此文稿系公元前467年的文物。

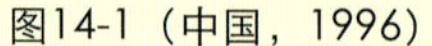
图14-1（中国，1996）

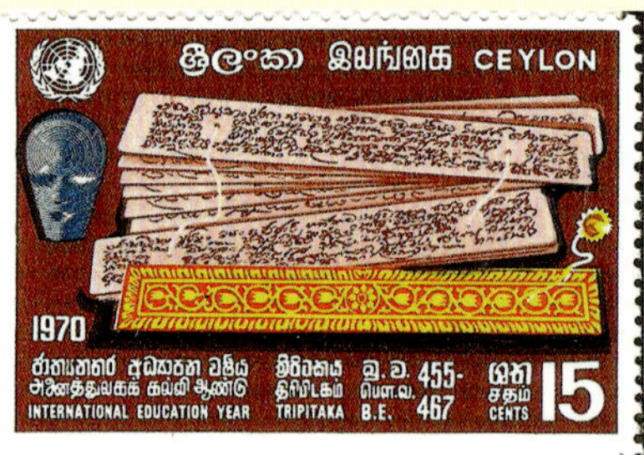

图14-2（锡兰，1970）

二、木版刻印

木版上刻字和画，比用墨漆在竹木上写字更进了一步，因其凹凸不平，可以借用纸拓印。木版刻印，也称雕版印刷，是由早期在春秋时期已发明的印章和拓石两种方式发展而成，隋唐之间发明了雕版印刷术，并随着纸的发明，促进了雕版印刷术的发展。雕版印刷术是先将反体字刻在木版上，让字凸现出来，版面上涂上墨，覆以纸，用刷子轻轻一刷，文字就印在纸上了。印刷术的成型一般认为在唐代。中国的雕版印刷创始于佛教传播的契机，但很快便漫布世俗生活，及至宋代，书籍及其插图的印刷工艺已相当娴熟。

1.佛经雕版印刷

(1) 邮票雕版印刷（图14-3）。取自中国古代科技文明小版张。唐懿宗咸通九年印的“金刚般若波罗蜜经”（简称“金刚经”），是我国现存较早的木版印刷品。票面图上半部分展示“敦煌出土唐木版纸本金刚经”，这本世界最古老的残存书于公元868年印刷，左半为雕版印刷字，右半为雕版印刷图；票图下半部分为中国雕版印刷版及样本，展现古代民间楼阁。

图14-3（密克罗尼西亚，1999）　图14-4（韩国，2000）

(2) 邮票高丽大藏经（图14-4）。取自千禧年系列之四小版张。高丽大藏经共有1296章，52388汉字，雕刻在81340块木板上，每块木板宽24cm，长60cm，高2.6～6m，重3～4kg。这八万大藏经是13世纪高丽王朝高宗用16年时间雕刻成的世界上最重要和最全面的大藏经之一，现保存在韩国海印寺，1995年被联合国教科文组织列为世界文化遗产。高丽大藏经的经版之木取自生长在海岛上的桦木和伏樟木，砍伐后首先在大海中浸泡三年，然后取出排列横置，经三年晾干，再用盐水浸泡，放在阴凉处晾干后，用刨子平整木头，作成版块。刻经时，要沐手焚香，专心诚意，在佛前祈祷。邮票展示一男子正在将刻好的佛经拓印在纸上。2006年是我国唯一刻印流通木版佛经刻经的金陵木刻经处成立140周年，同年，金陵木刻印刷技艺列入国家非物质文化遗产。我国藏传佛教寺院也仍延用此类木刻拓印的传统技艺。

2.雕版印书

(1) 邮票图书艺术（图14-5）。画面展示我国现存最早的插图书《宋刻本〈周礼〉雕版》的书影。该书为南宋时期的建阳书坊刊印。建阳书坊地处闽、浙、赣三省要冲，交通便利；森林资源丰富，造纸业发达；北宋时为朱熹等理学大师结庐讲学之地，书院林立，为建阳刻书业的发展提供了良好的条件和文化环境。书中制作大量插图，以图辅文，图文并茂，该书是一部体现我国宋代版画艺术和雕版印刷水平的代表作。

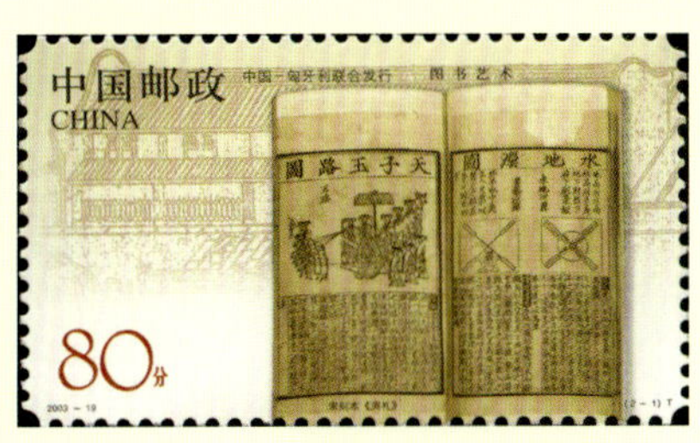

图14-5（中国，2003）

（2）邮票茶艺（图14-6）。取自中国古代科技发明小版张，票面右半部分为图，上方写“宋刘松年撵茶图局部（3世纪的画于11世纪印刷）”文字；左部文字，写有“公元780年由陆羽发表的茶的经典”文字。

（3）首日封茶圣（图14-7）。封左下方即陆羽著《茶经》一书。④邮票文房四宝（图14-8）。取自四宝之一纸，票面左上方为《十竹斋笺谱》，笺是古代文人雅士题诗、写信使用的一种精美的纸张。《十竹斋笺谱》为木版彩色水印的诗笺图谱，明代刻书家胡正言辑印，今广陵书社雕版印刷传习所重新影刻。

3.活字排印

由雕版木版印刷到宋代毕昇约在公元1041～1048年发明活字排印，是印刷术的一大进步，即把活字在胶泥上刻出凹版文字，用火烧硬，成为单个的胶泥活字，放在特制的木盘里备用。毕昇之后，约在公元1297～1306年由元代著名农学家王桢发明了木活字以及自由旋转的木制活字轮盘（1297～1306年）。如专题一（图1-36）所示的中国印刷术，木版活字印刷一直在中国非常盛行，明清两代更加盛行。自明代1488年出现铜活字，16世纪又出现了铅活字，极大地提高了排版的效率。木活字印刷仅在地方家谱印刷中保存延续。湖南博物馆藏有清朝邹氏家谱，是现存最早的木活字本家谱。浙江温州瑞安东源乡木活字印刷是目前已知的我国唯一保留下来且仍在使用的木活字印刷宗谱的技艺，堪称世界印刷术的活化石。

4.国外木刻印刷

（1）邮票使用活版印刷术500周年（图14-9）。这是1497年《梦想的书籍》中木刻版画“老师和学生”，展现老师站在讲台前讲课，诸学生在课椅上专心听讲。

（2）邮票活版印刷500年（图14-10）。画面上展示一长者正在拓印《圣经》。

图14-6（密克罗尼亚，1999）

图14-8（中国，2006）

图14-9（西班牙，1973）

图14-10（德国，1954）

邮政编码：

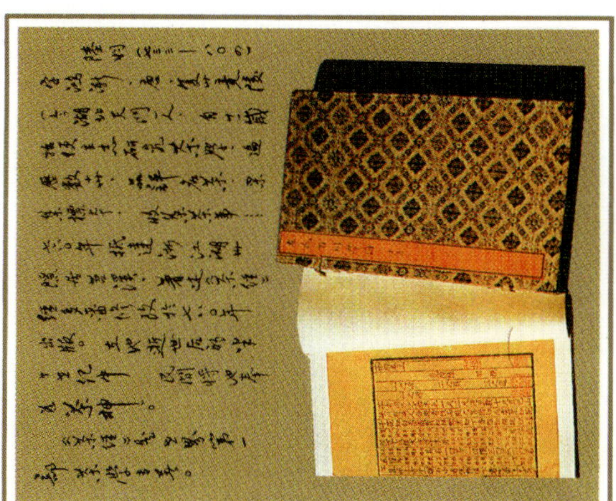

茶圣

图14-7（中国，1997）

图14-11（中国，2008）

图14-12（中国，2009）

三、木刻版画

木刻版画是在木板上刻出反向图像，再印在纸上供人欣赏的一种版画艺术，上面展示了木版画的印刷，如邮票金刚经中的佛像画，邮票《周礼》中的插图。以下展示中国民间木版画和创作版画，以及国外相关版画。

木刻即木板画，版画的一种。用刀在木板上刻画，用纸拓印出来的一种图画，是中外版画的最早形式。使用的木版有梨木、黄杨木、白桃等。有用纵剖面刻制的，也有用横断板面刻制的；有凸线为主的，有以凹线为主的，也有二者混用的；有单色木刻、黑白木刻、套色木刻等；因拓印使用的颜料不同而分油印木刻和水印木刻等。

1.木版年画

中国民间的木版年画，简称木版画，是相对于宫廷、文人和宗教的版画。它是一个大千世界，历史悠久，始于宋朝，明清进入巅峰；数量大，形式多样。在近代印刷术兴起之前，它是唯一可籍雕版印刷的艺术传播形式，现仍以其特有的魅力流传于世。

（1）小型张朱仙镇木版年画（图14-11）。位于河南省开封市的朱仙镇木版年画始于北宋，清代达鼎盛。它历史最悠久，堪称中国民间艺术宝库中的一颗明珠。小型张含4票，分别为步下鞭、王娘教子、满载而归、凤香兰。

（2）小型张漳州木版年画（图14-12）。它始于明盛于清，流行于闽南、岭南一带。它构图大方，造型夸张，既有北方年画的粗犷沉雄，江南年画的秀美雅丽，又兼具闽南本土古朴神秘的东南沿海风格。小型张含4票，分别为狮头衔剑、日日进财、天仙送子、老鼠嫁女。

2.创作版画

这是对应于早期版画画、刻、印三者相互分工，转为版画家自己构思、创作、雕刻，对应传统而言，它是近世纪的事。

（1）邮票鲁迅诞辰一百周年2枚（图14-13）。邮票1是青年时期的鲁迅，画案背景为木刻画，展现鲁迅故乡绍兴一条狭窄的街道，小桥横跨街边的小河，大善寺砖塔巍然耸立，药店和当铺的招牌隐约可见；邮票2是晚年时期的鲁迅，图案以1936年全国第二次木刻流动展览会场面为背景，再现鲁迅与青年木刻者座谈时的神态风采。

（2）邮票抗日战争和世界反法西斯战争胜利四十周年2枚（图14-14）。票面图案采用抗日战争时期宣传品常用以木版形式。邮票1为卢沟桥中国军队奋起抗日，刻画出国民党29军将士奋起抗日、冲锋陷阵的英雄形象；邮票2为八路军和民兵战斗在长城内外，刻画了抗日烽火燃遍祖国大地的雄壮景象。

（3）邮票林业4枚（图14-15）。这套雕刻版邮票是采用画家黄永玉的木刻原画。图案分别展示：森林资源，深绿色，描绘莽莽林海的壮观景象；保护森林，灰蓝色，描绘一支骑马护林队在林中巡逻的情景；油锯伐木，紫色，描绘伐木工人身

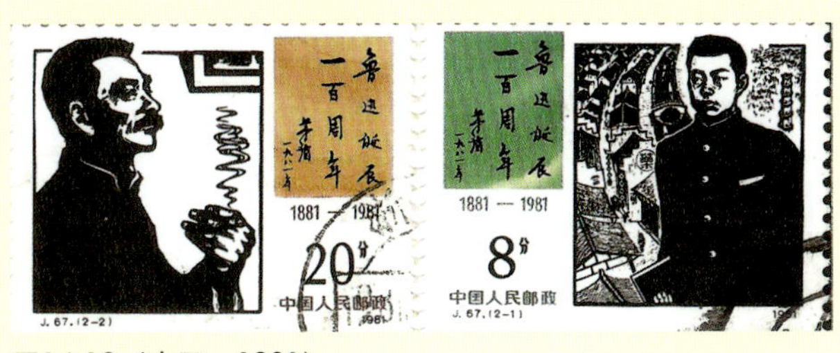

图14-13（中国，1981）

图14-14（中国，1985）

图14-15（中国，1958）

穿工作服，头戴安全帽，正在使用油锯伐木；绿色祖国，深蓝色，展示当年植树大军热火朝天的劳动景象。

3.外国的木刻画

（1）小型张克拉科夫古城全景（图14-16）。这是文艺复兴时期的木雕图，克拉科夫老城是世界文化遗产，此木版画对波兰版画风格起着决定作用，而华沙一直到1939年都是木版画传统的中心。

（2）邮票浮世绘《东海道伍拾三次》3枚（图14-17）。中国的民间木版年画远渡重洋到日本，在日本创造了珍奇璀璨的浮世绘文化，它是日本德川时代（1603～1867）版画艺术主要品种，是描绘世间风情的画作。它是版画的一种，由原画师、雕版师、刷板师三者分工协力完成。这3枚邮票选用平木浮世绘美术馆收藏的歌川广重的作品，图案为藤泽市，位于神奈川县中部；奥为津，位于静冈县；池鲤鲋，位于爱知县。

图14-17（日本，2009）

图14-16（波兰，2000）

（3）小型张民族艺术——木板漆画（图14-18）。木板漆画是在一块薄薄的木板上，用漆在上面画出或抽象、或传统的图案，色彩层次较丰富。小型张色彩鲜艳，雕刻精细，展示斯里兰卡民族传统图案，艺术水平高超。中国的木版漆画已有7000多年历史，早于水墨国画，它是古代漆画与漆器的完美结合。这种独特的艺术形式，具有东方特色的造型艺术。

（4）邮票圣诞节木刻画3枚（图14-19）。

（5）邮票木版画《负书的脚夫》（图14-20）。这是为克尼尔印刷厂百年由柯兹马创作的木版画。

如上所述传统的木版画常选用木质纤维细、木面柔润的实木，如今除了选用实木板材外，增添了胶合板材，特别是现代木版画的创作，选用可作画的胶合板，如椴木板、榆木板、榉木板等。此外还有选用可雕版的纤维板、复纸板等材料。

图14-18（斯里兰卡，2004）

图14-19（意大利，1975）

图14-20（匈牙利，1982）

四、木质邮品

随着科技和邮票产业的发展，邮票的创作材料不再局限于普通的纸张，还出现异质邮票，木质邮票就是其中之一。

图14-21（瑞士，2004）

（1）松木制邮票（图14-21），2004年瑞士发行的这种木质邮票可贴于任何邮件，面值5瑞士法郎、厚0.7mm、无齿孔的常规形式。这款名为“瑞士木材——自然”的邮票所用木材取自瑞士一地树龄120年的高品质松木，旨在提高人民的收藏兴趣，向世界介绍瑞士对森林资源的保护和该国发达的木材加工业；邮票图案直接表现木材原有纹理，使这种木质邮票图案无一相同，也就是邮票每一枚都是独一无二的，如同自然界的多棵树。

（2）木质小型张（图14-22）。加蓬于2004年为中加建交30周年发行的小型张。小型张由我国河南邮电印刷厂承接制作，以从加蓬进口的奥库梅木为原料，经过冲方、蒸煮、刨切、改色、烘干等5道工序制作成1mm厚度的木皮，并克服了木头材质吸墨性和渗透性差的缺点，采用胶印工艺，以6个专色6次套印的方式印刷，所制作出的木质小型张厚薄均匀，表面平整，没有节疤、虫眼等缺陷，齿孔清晰，色彩饱和度、文字清晰度都达到甚至超过同类产品的国际水平。

图14-22（加蓬，2004）

（3）木质明信片。又叫“烙印明信片”，是一种选用木材做载体，经过切削、打磨、烙印、雕刻等多种工艺精细加工制造而成的新型创意明信片，它具有普通明信片一样的邮寄流通功能。木质明信片大多选材为桦木、椴木，其材质细密，便于烙印、书写，设计风格多采用中国传统烙画艺术，根据炭化原理，使用不同的烙铁，合理控制温度，以炭化程度表现物象的色调。木质明信片梅兰竹菊（图14-23）。4张明信片各具不同的木材剖面图式，烙画有浅褐色、深褐色和黑色，这些色调在木载体上烙制非常精美。

（4）软木质邮票。有“软木王国”美誉的葡萄牙于2007年推出全世界第一枚由栓皮栎软木制成的邮票（图14-24）。栓皮栎的树皮形似软质原木板，人称“软木”。葡萄牙此次创意直接用“软木纸”印刷邮票，旨在扩大宣传软木产品的环保性能和用途多样化。邮票用材厚度只有0.35mm，图案为一棵栓皮栎树矗立在山上。

（5）木质邮票——圣文生修道院高面值票（图14-25）。这是一枚艺术文化遗产系列邮票之一，系木片背贴一纸，主题为圣文生修道院，该院建于1007年，起源于本笃会，“工作与祈祷”是该修道院的座右铭。

（6）檀香木雕刻—大象和树，檀香木香味邮票和小型张（图14-26）。这是邮票发行史上首次采用香味油墨印刷的邮品，堪称“色、香”俱全，不但图案与刷色有着檀香木的特征，而且闻上去也散发着檀香的芬芳。

木材是传承人类文字、图画不可或缺的载体。由人类在木片上直接刻字、画，借助纸张将文字、画大量的印刷，进而发展到在胶合木板上烙印字、画，木材为人类文化的传承和发展起了重要的不可替代的作用。

图14-23（中国，2010）

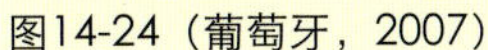
图14-24（葡萄牙，2007）

图14-25（意大利，2007）

图14-26（印度，2006）

专题十五

民俗用木质道具

民俗即流传在民间的风俗习惯，它是一个国家或民族中广大民众所创造、享用和传承的生活文化。在长期的发展过程中，各民族形成了丰富多彩的民族习惯，有衣食住行方面的，有节庆礼仪祭祀方面的，有宗教信仰、民间崇拜方面的等。本专题借相关邮品展示木雕圣像、木柴篝火、木质龙舟、木雕面具、童子军活动及中国、芬兰、奥地利的民俗习惯用木质道具。

一、木雕圣像及民间崇拜的木雕像

1.木雕佛像及其他神像

图15-1（中国）

（1）明信片释迦牟尼像（图15-1）。片上注释："释迦牟尼——相传是古印度伽罗卫国净饭王的太子，二十九岁出家修道，三十五岁达到觉悟，被尊为佛祖。"供奉在杭州灵隐寺大雄宝殿的这座木雕添金释迦牟尼坐像，净高9.1m，用24块香樟木雕成，加上莲台，须弥座，共高16.6m。佛像妙相庄严，额首俯视，令人敬畏，这是我国最高大的木雕坐式佛像之一。

（2）中国世界遗产明信片千手观音木雕像（图15-2）。这是承德普宁寺大乘阁供奉的高27m的千手观音木雕像，整尊佛像是由松、柏、杉、榆、椴等五种木材125m³拼制而成后，分三层雕刻成型的。佛像比例匀称，纹饰细腻，恰如其分地传出佛的表情神采，宝相庄严，在我国大型的佛像雕塑艺术上是十分罕见的，也是目前世界上最大金漆木雕大佛。

（3）邮票木雕观音（图15-3）。这是供奉在日本法隆寺的观世音菩萨立像，木造，彩色，像高6尺9寸1分。与一般佛像不同，头与身躯的比例是8:1，面容有高雅的气韵，宝冠璎珞，雕刻巧妙。

（4）邮票檀木佛像（图15-4）。这是尼泊尔与俄罗斯建交50周年而发行的，画面为俄罗斯檀木佛像及尼泊尔斯瓦扬布纳佛塔（猴庙）及两国国旗。

（5）邮票木雕神像4方连（图15-5）。澳门自开埠以来，捕鱼业在历史上担任着重要的经济角色。由于海上作业风险大，渔民多有信仰习俗，并在船上放置各种神像随船出海，以求化险为夷。澳门神像雕刻在文化上传承和发扬了我国传统的神像雕刻工艺，经改良和发展，整体技术达到突出的水平，是澳门百年来优秀的民间

图15-3（日本）

图15-4（尼泊尔，2006）

图15-2（2010）

图15-5（中国澳门，2010）

艺术。木雕——澳门神像雕刻已被列入国家级非物质文化遗产名录。4方连左上为观音——观世音，佛教八大菩萨之一；右上为天后——妈祖，姓林，名默娘，民间崇拜的海神；左下为佛陀—印度出生，释迦国太子；右下方为哪吒——中国民间传说人物，商代总兵李靖的三太子。

2.教堂和圣诞节木雕

（1）信卡18世纪木雕成对的天使（图15-6）。在一些教堂屋顶上布满小天使群雕。信卡展现长了翅膀的微笑天使，系18世纪的木雕。

（2）邮票教堂里的木雕人物（图15-7）。这是1975年奥地利为欧洲建筑遗产年发行的邮票。

（3）邮票木雕《圣母子》（图15-8）。这是16世纪的木雕，为爱沙尼亚基督教800周年发行的邮票，现藏于塔林尼古拉教堂。

（4）邮票圣诞节木雕像2枚（图15-9）。圣诞节是基督教重要的节日，定于每年12月25日，纪念耶稣基督的诞生，同时也是普遍庆祝的世俗节日。邮票1为萨尔西洛的木雕《耶稣诞生》，邮票2为木雕像圣女与孩子。

图15-6（巴西，2001）

图16-7（奥地利，1975）

图16-8（爱沙尼亚，2001）

图16-9（西班牙，1967；奥地利，1974）

二、篝　火

全世界不同文化背景的国家和民族都有各自祭火的仪式、节日，大到举办“火把节”、“篝火节”，小到野外围着篝火聚餐时向火堆洒酒或扔食物。这或多或少都与人类早期对火的崇拜有关。篝火系木柴火或炭火。

（1）传统的篝火。①邮票篝火（图15-10）。画面展示在空旷的地方或野外架木柴燃烧的火堆，邮票是为欧洲约瑟节篝火发行的，展现大人小孩众人围在篝火堆旁跳欧洲民间舞蹈。②邮票童子军篝火3枚（图15-11）。这是一种童子军野外活动的训练方式，这种方法用以培养青少年成为快乐健康有用的公民。目前全世界有2.5亿多名童子军。篝火也是童子军野外活动之一。邮票1展现在黑色的夜晚，众童子军围坐在篝火旁，在一人弹吉他的伴奏下，众高歌齐唱的欢庆场面。邮票2、3画面展现二名童子军守候在火堆旁；邮票2，票面右中有世界童子军军徽。

图15-10（圣马力诺，1981）

（2）踏火。邮票踏火舞和踏火节（图15-12）。踏火是斐济人社交习俗中待客的礼仪，票面展示在夜幕降临时，村旁的篝火已成为一堆赤色的炭火，吐露着最后一点余焰，一群男女舞者伴着三弦琴声，赤脚在炭火上起舞，嘴里还愉快地吆唱着。踏火舞，于2009年被联合国教科文组织列入世界非物质文化遗产名录。另一票踏火节。踏火节是西班牙的民族节。

图15-11（意大利1968，贝宁1982，达荷美1966）

图15-12（斐济，1983，西班牙，2000）

篝火也是近代家庭的假日户外活动。邮票欧罗巴—假日2连票（图15-13）。芬兰人过仲夏节流行到户外野餐，票面展示划着小木船的一家人，傍晚在海边点起篝火的景象。篝火是为了驱除邪恶，给人们带来光明和温暖，篝火是野餐必不可少的。

图15-13（芬兰，2004）

三、赛龙舟和挂灯笼

1.赛龙舟

赛龙舟是端午节的一项重要活动，在我国南方很流行，它最早是古越族人祭水神或龙神的一种祭祀活动。现流传最广的是源于纪念楚国爱国诗人屈原，每年农历5月5日划龙舟以示纪念，它已被列入国家级非物质文化遗产名录。现代的龙舟分：龙头、龙尾、龙身、龙骨、浆、舵等部分。龙头通常选完整的桧木雕刻，才能表现整体美，以增加灵气；船体则多用樟木来做，以防虫防腐，经久耐用；用整木将龙尾雕刻出许多鳞甲。①邮票赛龙舟（图15-14）。票图为龙舟全貌，众人持桨划舟，舟上一面“风调雨顺”旗帜迎风展现。划龙舟先后传入邻国日本、越南等。赛龙舟在中国被列入国家体育比赛项目，并于2010年在广州主办亚洲运动会时，首次正式成为比赛项目。②邮票赛龙舟2枚（图15-15）。票面展现龙舟比赛场景及不同的龙舟形态。③小型张赛龙舟（图15-16）。这是为龙年生肖发行的，小型张画面展现精致的龙首，一人击鼓众人划舟，还有水面上跳跃的鱼等情景。④邮票皇家游艇（图15-17）。这是泰国的国家遗产，邮票为宽银幕式，票面长120mm，长宽比为3.53:1，此邮票上湄公河沿岸风光尽收眼底。

图15-14（中国，2001）

图15-15（越南，1999）

2.挂灯笼

我国每当佳节庆典都要挂灯笼，特别是正月十五元宵节，又称“灯节”。灯笼种类繁多，其中宫灯用材极为考究，大多用红木、紫檀木、花梨木、楠木等贵重木材。邮票宫灯2枚（图15-18）。这是1981年元宵节发行的，二票为龙球灯和龙凤灯，均为紫檀骨架，分别向四周和六方探出龙首雕刻，显示龙图腾的形象。

图15-16（越南，1999）

图15-17（泰国，2000）

图15-18（中国，1981）

四、面　具

面具是一种全球性的古老文化，曾广泛地进入各民族社会生活领域，并形成独特的文化现象。它蕴涵的文化积淀，涉及宗教、祭祀、民俗、艺术等领域，是各民族历史的一面镜子。其制作材料有木、金、玉、青铜等。延续至今日，在平日的民俗活动中、舞台上和儿童游戏中，依然能看到制作精美的面具，那纯粹是娱乐了，其制作更多的取纸、塑料等轻质材料。以下仅展示传统木质面具方面的邮品。

图15-19（韩国，2000）

（1）取自韩国2000年发行的千禧年系列七小版张中的木质面具票（图15-19）。这些木制的面具原来是用于宗教仪式上，这种仪式是韩国在第一朔望月的第15天举行。

（2）面具是印第安人独特的艺术形式，充满神奇色彩。①邮票印第安人面具4方连（图15-20）。4方连的左上方为贝拉部落面具，右上方为奇尔卡特特林吉特部落面具，左下方为特林奇特部落面具，右下方为贝拉库拉部落面具。印第安人原始社会与文化，分布于美国、加拿大地区，有些文化还扩及格陵兰。②邮票面具2枚（图15-21）。一票为印第安文化——面具，另一票为墨西哥文物——木面具。③邮票文化遗产系列——面具（图15-22）。

图15-20（美国，1980）

（3）小型张印度尼西亚面具及邮票东帝汶面具（图15-23）。小型张：印尼面具的起源与宗教祭祀有深深的关系，现在的爪哇面具都为木雕加彩，巴厘岛木雕面具用檀木雕刻细腻，用天然染料上色，认为这样的面具才具有灵魂，成为当地最抢手的旅游纪念品。另一票为东帝汶为独立纪念发行的用于避邪的木刻面具邮票。

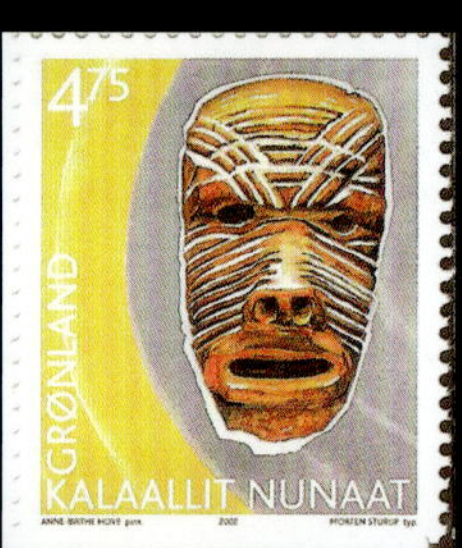

图15-22（格陵兰，2002）

图15-21（加拿大，1974；墨西哥，1980）

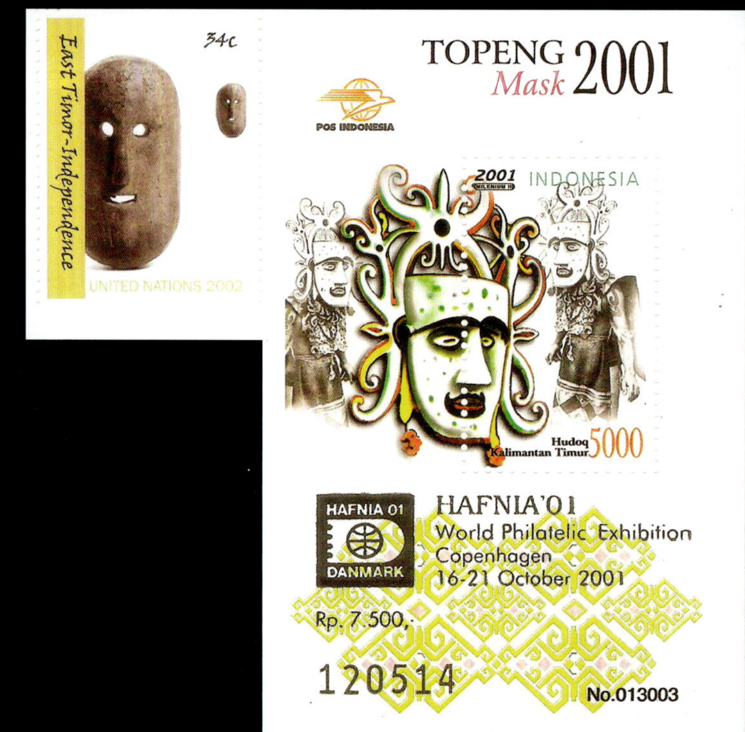

图15-23（联合国—日内瓦，2002；印度尼西亚，2001）

五、童子军活动用木道具

如上所述，童子军是一种野外活动的训练方式，下面选用8枚邮票，展示童子军野营及其他活动用木道具。

（1）篝火和野餐。①邮票篝火、野餐2枚（图15-24）。票面展示童子军篝火联欢及用木棍支架野餐，木和柴是野营活动必备的道具。②邮票野餐和划舟2连票（图15-25）。

（2）邮票划木排和造简易木桥2枚（图15-26），一票为格林纳达1977年发行的划木排；另一票为达荷美1966年发行的造简易木桥。这些野外活动，有助于培养青少年的野外生存能力。

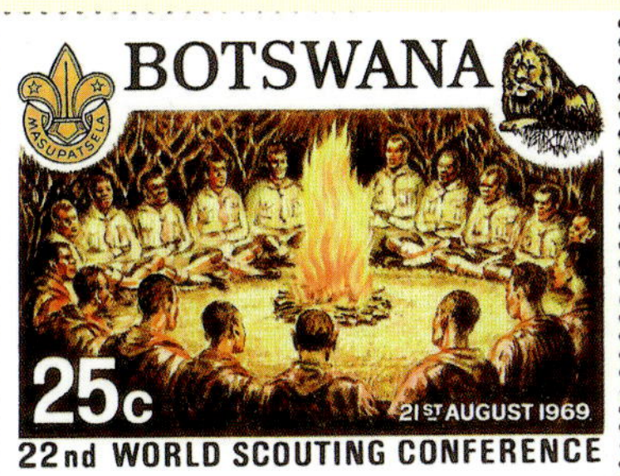

图15-24（博茨瓦纳，1969）

（3）植树和做木工。如邮票冈比亚1982年2枚（图15-27），这些也是童子军训练的内容，以增加森林知识、训练手工操作能力。

图15-25（瑞典，1975）

图15-26（格林纳达，1977，达荷美，1966）

图15-27（冈比亚，1982）

六、中国台湾的木质礼器和木船祭

（1）台湾民间婚嫁礼器。中国传统民间婚嫁礼器种类繁多，这里仅展示邮票台湾早期生活用礼器2枚（图15-28）。一票为木盛，2人扛着的木制品盛物之器，如票图所示，它制作精细，装饰雕花油漆，工艺极其讲究，这是婚庆典礼中用以放置男方的聘礼及女方回赠的礼品。另一票为花轿，娶亲时新娘乘坐的轿子，最早见于宋代，后来才渐渐成为习俗。中国南方常见以花轿为硬衣式，全木结构，如票所示，上部为四角出檐的宝塔顶，轿身以红色为主，四周有花鸟人物装饰。当今此民俗习惯已很少见，而有仿古花轿供游客乘坐（参见专题三迎亲轿子）。

（2）台湾雅美族船祭。邮票船祭（图15-29）。中国各地少数民族有各种祭祀活动，雅美族是台湾唯一居住在海岛上的原住民，他们的船由20余块的刳木拼成的，再用一种叫“巴洛”的树剥成棉花状物填塞，以防渗水。那里的捕鱼业较为发达，船祭开始时，雅美男子向船灵祈祷，全村男子吟唱着涌向新船，将新船抛入空中，再至海中试船即完成典礼。

图15-28（中国台湾，2009）

图15-29（中国台湾）

七、芬兰的桑拿浴

芬兰是桑拿的发源地。芬兰人将桑拿视为国粹，他们相信桑拿浴能令人舒筋活血。在芬兰大城小镇到处都设有公共桑拿。这里展示芬兰1949年发行的沐浴附捐票2枚以及2009年发行的以“桑拿浴”为主题的不干胶自贴小本票（图15-30）。这套邮票人们经过摩擦，能绽放出桦树叶子的香气。木材为芬兰的传统沐浴提供盍屋的原木（如附捐票所示）、炉里烧的木柴及沐浴用的木桶等，人们还要用带叶子的白桦树枝泼沾凉水“清洁”身体，用浸软的树枝轻轻抽打全身，以加快皮下血液系统循环和体内水分的排泄。桑拿屋一般建在湖边，以便人们从高温的木屋里出来跳进湖中游泳（如附捐票所示），使人浑身清爽，对血管有好处。这种传统沐浴方式现

图15-30（芬兰，1949）

已是芬兰一项特色旅游项目。小本票的5枚邮票有单把的木桶、白桦树枝叶、小木盆、放盆的木架，小本票背面展示木柴和木桶。

八、奥地利的民俗活动用木道具

奥地利地处中欧，森林资源丰富，森林覆盖率达47.2%，长期以来木材工业一直为奥地利民众提供着重要且稳定的就业岗位。木材支撑着奥地利的多种民俗活动。①邮票划筏子（图15-31），这是为纪念该国筏子风俗及在该国举行的国际筏子节而发行的。在奥地利的内河划筏子，最早可追溯到1209年，当时的伐木工人将伐下的木头捆筏子以方便运输。如今这项活动成为奥地利人的一种风俗，现代的筏子如票面所示，由几名舵手驾驶，而每位舵手下面会有10～15根圆木。目前这项活动在欧洲许多国家都非常流行，并且每年都在奥地利举行筏子节。②邮票雪地人拉木材（图15-32）。③雕刻版邮票滑动木桶（图15-33）。这是克洛斯特新堡的容量为56000升的大酒桶，众人在滑动酒桶，这一风俗可能是从1704年开始的。④邮票船和水上磨坊、木屋（图15-34）。该票也是奥地利传说和民俗系列之一。上述民俗活动均以木材为其道具。

木材为各国民俗活动提供所需道具的材料和燃料，让木物质溶入民间精神世界，木材支撑着人类民俗文化的延续和发展。

图15-31（奥地利，2000）

图15-32（奥地利，1993）

图15-33（奥地利，2004）

图15-34（奥地利，2001）

专题十六

工艺木雕及其他木质工艺品

木雕艺术源远流长，遍布世界各国。埃及古王国时期的墓室中，已有木雕的墓主及奴仆像。北美的印第安人很早就制作木雕的图腾柱。在中世纪，欧洲木雕广泛用于教堂装饰；欧洲文艺复兴后，木雕主要用于官邸和住宅的室内装饰和家具装饰。中国的木雕艺术起源于新石器时代，距今七千多年前的浙江河姆渡已出现木雕鱼；春秋战国的木雕工艺分成了建筑装饰木雕、木俑、宗教造像、礼祭等不同的木雕行业；唐宋以来，越来越多的木雕多用于殿堂楼阁、庙宇民居的建筑装饰，日用品上的雕刻更为丰富多彩；清代木雕技术达到高峰。

木头原本是有生命的，怎样用自己的生命去最简捷地参悟木头的生命？木雕。木雕因其材质的特殊而别有一番柔劲和韧性，这归功于它所有的特性—年轮木纹（又称木质机理），这是其他材质所没有的，刀刀凿迹是“木趣”，年轮木纹的呈现和暴露是“木韵”。大凡木雕家在刻制作品时，都把木纹作为一种重要的装饰因素考虑在内，使其随雕塑体的起伏转折而呈流动变化状，大大增强作品的感染力，并久远留存下去。木材已成为现代雕塑艺术的一种重要载体。

木雕由于其应用及装饰的范围广泛，表现形式多样以及雕刻的木材质地不同，可分出许多类型。从应用及装饰范围来讲，可分为建筑雕刻、家具雕刻、陈设工艺品雕刻三大类。有关建筑及家具雕刻的邮品已在前面相关专题展示。本专题仅展示工艺木雕，包括图腾纪念类、人物类、动物类、器具类的木雕邮品及其他木质工艺品类邮品。

一、图腾、纪念类木雕

（1）木雕图腾。邮票木雕图腾柱4枚（图16-1）。巴布亚新几内亚人认为木雕是讲述人类和自然万物的关系。邮品木雕是黑色木桩，它被雕刻成三个部分：顶部是似人非人、似鸟非鸟的怪物，鼻如鹰喙，趾像熊掌，两肋插着一对翅膀；中部是眼笑嘴阔，双手接肋的怪人，浑圆腹部具昆虫一样的体节；底部是个怪物，咧嘴吐舌，令人生畏。该国素有“天堂鸟之国”的美誉，图腾画突显鸟嘴和人头。

（2）木雕展示对某事的纪念。①邮票木雕工艺品2枚（图16-2）。图案为欧罗巴一民族节日，1956年革命及国庆日谷穗等。②邮票纪念牌（图16-3）。这是欧罗巴一国家公园内河岸边设置的木质纪念碑，牌上有人物木雕以示纪念。③邮票木雕——哥特式艺术展览（图16-4）。④邮票非洲文化艺术节30周年（图16-5）。尼日利亚是非洲古国，早在两千多年前就有了比较发达的文化。邮票图含文化艺术节徽志和人头木雕，再现风格别致的非洲木雕。⑤邮票木雕的鸟、鸽子2连票（图16-6）。这是为圣诞节而作的，鸽子是和平、友谊、团结、圣洁的象征，它是“国际和平年的徽标”。

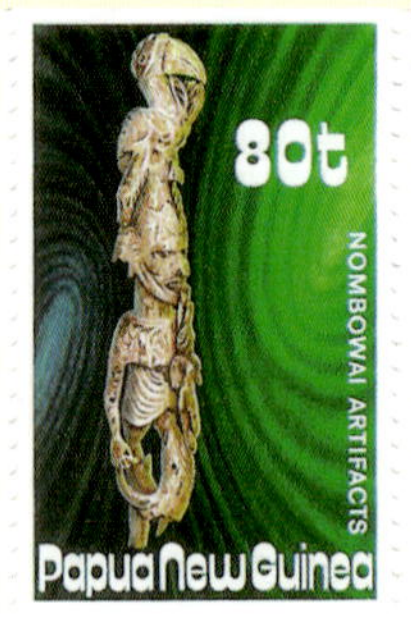

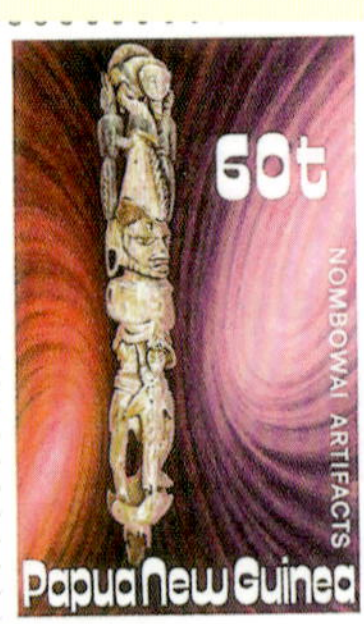

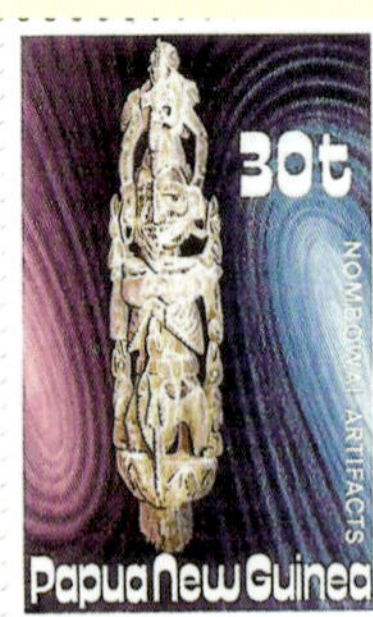

图16-1（巴布亚新几内亚，1985）

图16-2（匈牙利，1998）

图16-3（乌克兰，1999）

图16-4（奥地利，1967）

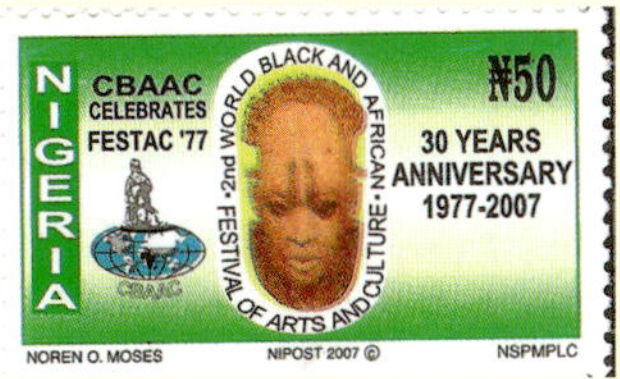

图16-5（尼日利亚，2007）

图16-6（瑞典，1981）

二、人物木雕

1.非洲人物木雕

非洲人说自己是“口衔刻刀来到人世的”，意思是说从他们血管里流淌出来的艺术，木雕艺术与生命同在。非洲木雕造型奇诡、风格别致，被誉为非洲艺术艺苑中最艳丽的奇葩。古朴的木雕让毕加索等艺术大师痴迷，并改变了他们的艺术风格。有人说，每件非洲木雕都承载着一种精神、一种愿望、一种寄托，这才是非洲木雕的真正内涵。非洲木雕大致分四类：人物、动物、图腾和器具。①邮票木雕工艺4枚（图16-7）。票面展示人物雕刻，艺术家用奇妙的构思、夸张的手法、简约的造型，表现出原始的唯美。②邮票人形木雕4枚（图16-8）。文达是南非境内四个黑人家园之一，票面展现人的身躯行为，如右第2枚画为三人倾听远处传来的鼓声。③邮票木雕（图16-9）。此木雕用材为刚果乌木，其色泽乌黑，质地细腻，如图所示。刚果雕刻工艺在非洲享有盛誉。④首日封全国文化日（图16-10）。封面左图及邮戳为人面雕像，封右4枚邮票均为木雕工艺品，左、上、下分别为舞蹈者和骑毛驴的男子。安哥拉位于非洲西南部，出产乌木、非洲的白檀木、紫檀等各类名贵木材。刚果一票和首日封的左2票均为黑木雕。黑木也称乌木或黑檀木，是一种稀有名贵树种，生长极其缓慢，树内部呈现黑木质，木质细密而坚硬。黑木雕全部用斧子、凿子、锉子和砂纸等工具手工制作，造型简单，自然质朴，保持原木的痕迹。

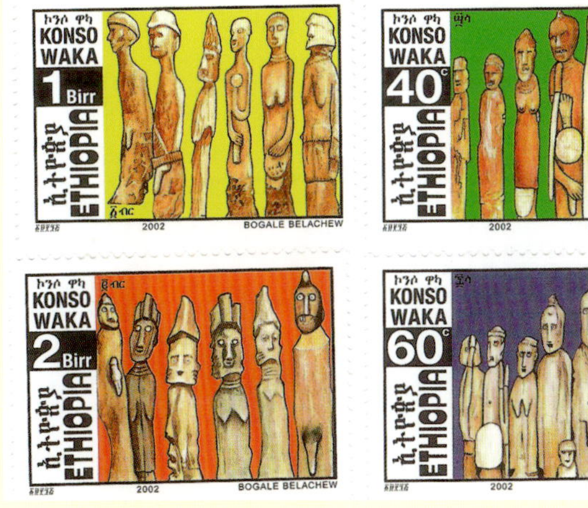

图16-7（埃塞俄比亚，2002）

位于加勒比海西北部的牙买加，黑人和黑白混血种人占90%以上，独特的文

图16-8（文达，1987）

图16-9（刚果，1964）

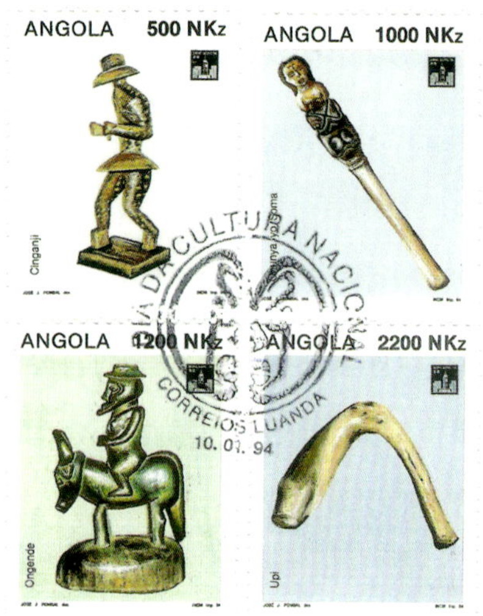

图16-10（安哥拉，1994）

图16-11（牙买加）

化融合了非洲色彩、西班牙风格和英国传统，如邮票人像木雕4枚（图16-11）所展示。

2.欧美人物木雕

①邮票欧罗巴木雕人头像2枚及头像木雕1枚（图16-12）。匈牙利是位于欧洲中部的内陆国家，中国古称为马扎尔，木雕是其传统手工艺术，前2票是为发现美洲500年而发行的玛雅文化——木雕人头像，后一票为国际老年人年——木雕。②邮票人像3枚（图16-13），这3枚木雕人像分别为1470～1480、1642～1646、16ct时的作品。③小全张木雕作品（图16-14）。这是雕塑家阿曼杜斯·亚当森（1855～1929）诞生150周年发行其木雕作品，凸显宗教元素。④邮票人物木雕像4方连（图16-15）。票图：左上为苏格兰高地兵团的士兵，右上为船首装饰的雕像，左下为船员，右下为一人手持备用的雪茄烟。⑤邮票人头木雕（图16-16）。这是雕刻家B·约尔特的作品——木雕的女孩头像，邮票系斯拉尼亚雕刻。

图16-12（匈牙利，1992；1999）

图16-13（白俄罗斯，1998）

图16-14（爱沙尼亚，2005）

图16-15（美国，1986）

图16-16（瑞典，1976）

三、动物木雕

①邮票大象木雕（图16-17），票图取自泰国国际手工艺展览的柚木雕大象。大象是泰国的国宝，是泰国和平、吉祥的象征。特别是用柚木雕刻而成的形象逼真、栩栩如生的大象，是泰国最富特色的工艺品，以其艺术精湛而闻名于世。②邮票木雕野鸭4枚（图16-18）。这是狩猎诱物野鸭，4种鸭的名称为：帆布、宽嘴、红头和凫。③邮票木雕风向鸡（图16-19）。④邮票犀牛、羚羊2枚（图16-20）。津巴布韦是非洲伊甸园，古老的非洲文明，品种繁多的野生动物，养育了津巴布韦人用非洲当地的软木、硬木，手工雕刻成仿犀牛、羚羊类动物，其造型栩栩如生。

中国的龙头木雕、外国的海船之首木雕等，如前相关专题所示。

图16-17（泰国，1981）

图16-19（瑞士）

图16-18（美国，1985）

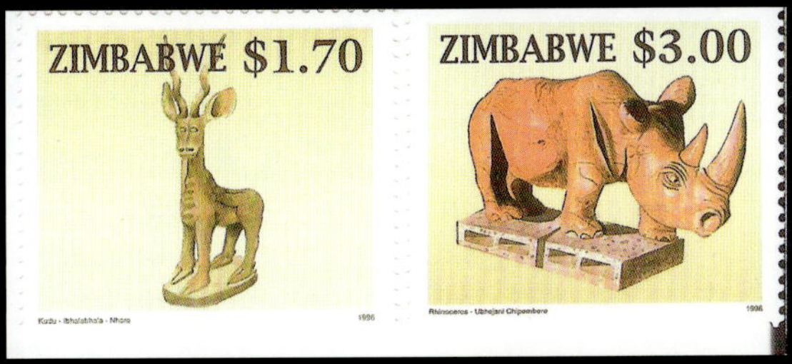

图16-20（津巴布韦，1996）

四、木雕器具

①邮票古代酒具（图16-21），这是1542年刻有装饰花纹的木雕酒碗。②邮票木刻工艺品3枚（图16-22）。票面图案为匙、勺、木桶，为实用木刻工艺品。③邮资封图木刻工艺品果盘和木碗（图16-23）。木雕是俄罗斯民族木质装饰艺术中最古老的一种。在以森林资源丰富而著称的俄罗斯，木雕艺术很早以前就开始发展，是一项传统的民间技术。餐具木雕展现其实用装饰艺术，是其最有名的工艺品之一。④邮票木梳（图16-24），票图展示木梳上的木雕图案，是非洲工艺品。

图16-21（芬兰，1976）

中国木雕家具、澳门木雕模具等，如前相关专题所示。

图16-22（罗马尼亚，1978）

图16-23（苏联，1978）

图16-24（肯尼亚，1975）

五、其他木雕和木质工艺品

（1）木雕工艺陈设品。邮资片新年快乐和邮票渔翁工艺品（图16-25）。邮资片图取材于浙江黄杨木雕，展现一个胖娃娃睡在南瓜旁、竹篮内装玉米、葡萄、蜜桃，一只葫芦置于根雕上。邮票是一人偶造型的工艺品。

（2）漆雕工艺品。邮票古代雕漆器4枚（图16-26）。漆雕是中国传统工艺美术品，也叫剔红，是一种在堆起的平面漆胎上剔刻花纹的技法。4枚邮票为清·乾隆雕漆器，云龙方盒；清·雕漆器，八吉祥方胜套盒；明·宣德雕漆器，牡丹花圆盒；明·永乐雕漆器，花卉锥把瓶。

（3）木质工艺品。邮票茶具等4枚（图16-27）。老挝属热带、亚热带季风气候，森林覆盖率42%，出产柚木、紫檀等名贵木材。4票图案为木质工艺品，呈现木材本色、木纹理，造型别致、美观大方。

（4）木柳条编制的器物。邮票3枚（图16-28）。这是用木柳条编制的实用器物，票面图为小桌子、椅子及篮子、容器等。

木雕系非物质木文化，它以木为载体，是一种非物质的精神观念，在这种精神观念下体现的木与艺术关系。它具有民族性、传统性、风俗性、地缘性和多样性的特点。它将在继承传统和引入新技术、观念中发展壮大。

图16-25（中国，2005；中国台湾，1974）

图16-26（中国台湾）

图16-27（老挝，2003）

图16-28（埃塞俄比亚，1974）

专题十七

木偶与木偶戏

木偶是用木头雕刻成的小型人像，并彩绘脸谱，饰以毛发，或在躯干外配以服装的玩偶和戏曲用品，中国古代称俑、傀儡。中国木偶有2000多年历史，《礼记》中称木偶为俑，用于陪葬。早在汉代，木偶制作已很精巧，内设机关，活动自如，同真人相似。唐末，闽王王审知（公元862～925年）酷爱儡戏，致使木偶雕刻在福建盛行。清末，江加走创作了约230种新式样的木偶头像，为中国木偶雕刻艺术作出了贡献。现在，中国木偶雕刻主要产于福建泉州和漳州、广东等地，其中以福建为主。1986年9月中国国际木偶节在福建泉州举行，并举办泉州木偶艺术展览会。世界许多国家都有木偶，在古代的埃及、希腊、罗马的墓葬和废墟中，都发掘出木偶。西方的木偶以掌中木偶为主，16世纪曾在欧洲广为流行。木偶最早出于宗教礼仪，公元4世纪后作为传教士布道的工具，以后演变为木偶喜剧在街头演出。

木偶的制作。包括头像的雕刻，服装、须发和四肢的安装。这里仅就其中最重要的是头像雕刻而论。木偶头像制作分为木雕、彩绘二大工序。木雕是先选用质轻、易于雕刻、不蛀的樟木和榆木等，劈成与木偶头像等高的三角形，刻画出面部中线，定出五官；挖空颈脖部分，便于演员手指伸入；雕刻头像；安装能活动的嘴、眼。

木偶可以成为一种工艺品，陈饰品，木偶更是木偶戏的道具。中国木偶戏的木偶按形体、操纵技艺而分，有掌中木偶、提线木偶、杖头木偶、铁丝木偶4类，通过形象和表演，使木偶成为依附了灵魂的道具。欧洲产生于19世纪早期的意大利西西里傀儡戏，把广场上的说唱艺术通过木偶的形式搬到舞台上。前几年它被联合国教科文组织列为世界文化遗产。如今几乎所有国家都有木偶剧团，国际木偶联合协会总部设在法国。

图17-1（中国，2000）

一、亚洲国家的木偶与木偶戏

（1）邮票中国木偶（图17-1）。票面图展现中国古典文学名著《西游记》中孙悟空的形象，为提线木偶，其色彩鲜艳，造型独特，操作灵活自如，表演栩栩如生。提线木偶也称“悬丝傀儡”、“刻木牵丝”，其表演难度大，流行于福建泉州、广东五化、湖南平江等地。此邮票在泉州首发。

（2）邮票中国台湾布袋戏（可指乾坤）生、旦、净、丑4枚（图17-2）。在台湾布袋戏也称掌中戏，由闽南传到台湾，透过布袋戏中著名的人物，及木偶的肢体语言，表现各种角色的特质。邮票中的生，展现“霹雳风暴”中的“莫召奴”手持兵器折扇展现武林正义之风的形象；旦，展现“风起云涌”中的“太阳女”优柔体态的旦角特质的形象；净，展现“霹雳风狂刀”中的“狂刀”，如狮鬃发型、手持宝刀霸气十足的形象；丑，展现“霹雳金光”中的“秦假仙”，如超级跑腿王，在剧中起润滑剂的特质的形象。这是台湾为增进人们对布袋戏的认识，发扬本土文化而特地发行的邮票。这小小的戏偶，透过丰富的肢体语言，展现出人生百态，也牵

图17-2（中国台湾，2001）

动着观众的喜怒哀乐。

（3）小型张印度尼西亚木偶戏含2票（图17-3）。左一票为流行于印尼爪哇岛木偶戏“互杨戏”中的角色“西玛”。画面展示杖头木偶。印尼木偶文化源于中国，传说宋朝时传播过去，现有巨型木偶漫游雅加达街头，以木偶表演来拯救濒临灭绝的文化。

（4）邮票泰国木偶人4枚（图17-4）。这是为泰国遗产保护日发行的木偶人工艺品。泰国木偶戏至今已有110多年悠久的历史，这得益于其木偶的精赞雕刻，并以泰国古典舞蹈的动作或各种风土人情的姿态，反映泰国民族的生活和服饰。泰国木偶身高40cm，只半身形木偶。由头部、木偶主骨架和肩部构成，以特制的衣服掩饰，衣袖二边都由内细骨架结成手部。木偶戏是由人与木偶同台演出。木偶人像

图17-3（印度尼西亚，2006）

图17-4（泰国，2002）

在泰国是国家级非物质文化遗产，属纯手工制作，做工非常精细，女性木偶面庞雪白，眉眼分明，犹如日本艺妓；男性木偶则面部五彩狰狞。

（5）邮票越南水上木偶6枚（图17-5）。2000年为美国世界邮展发行的。这是木偶在水面上演出的越南独有的一种艺术形式，它起源于900多年前。为适应水上的演出需要，木偶的制作工艺要求较高。木偶用木头制成，外面绘上漆，色彩鲜艳，形象生动。水上木偶的表演内容丰富多彩，如邮票图案所示，有体现老百姓生活的农耕、捕鱼、娱乐等，也有反映历史事件或演绎神话传说等。演出是在池塘附近搭建的“水亭”的屋檐上垂下一片竹帘，操纵木偶的演员就站在竹帘后面的水里，通过连接在木偶身上的竹竿操纵木偶进行表演。

（6）邮票日本的木偶人2枚（图17-6）。画面是栗驹国家公园。票面左边各有

图17-5（越南，2000）

图17-6（日本，1970）

一木偶人。一枚票票面图案为鸣子峡（有座桥）和鸣子木偶人。宫城县鸣子町是日本木偶人发祥地，木偶人是一种用榉木、槐木等高级木材制成圆头长身体，经饱、磨、上彩、描绘等手工制作而成，其特点是头可转动，发出啾啾的声音。鸣子町每年9月举办“全国木偶人祭”，到时街上清一色都是木偶。另一枚票票面为栗驹山和木地山木偶人，这是秋田县的木偶人，其身体可向前倾倒。随着日本经济的发展，木偶人艺术也有不少发展，人称“创造木偶人”、“近代木偶人”。日本人喜欢木偶人，一直兴盛不衰，让往日一种玩具或陈设品、供观赏的工艺品，成为文艺创作的主题。

二、欧洲国家的木偶和木偶剧

起源于中国及亚洲的木偶，约10世纪左右经过欧洲南部、罗马再传到德国等地。德国古书记载，这种演出通常会提线拉住木偶表演，甚至制作与真人一样大小的木偶和演员一同演出，相当有趣，很多时候人们希望以讽刺嬉闹的木偶来宣泄内心的不满。

（1）捷克木偶剧。始于17世纪，是该国历史悠久的民俗传统，被定为“国剧”。邮票木偶3枚及全国业余木偶剧团30周年（图17-7）。4票票面均展示提线木偶情景。捷克的木偶店琳琅满目，布拉格的木偶比人还多，真配得上“玩偶之国”的称号。在距布拉格100km有一小镇设一木偶博物馆，珍藏各种稀奇古怪的造型、各种大小的传统木偶，最大型木偶甚至高达2.5m。手制提线木偶是捷克国宝。

图17-7（捷克，1961；1981）

（2）德国的木偶戏艺术。起源于12世纪。在德国木偶戏比较普及，传统的木偶戏有杖头木偶、提线木偶、布袋木偶。邮票提线木偶和布袋木偶2枚（图17-8）、邮票附捐票提线木偶4枚以及明信片木偶博物馆馆藏木偶—拿烟斗的木偶男子图样（图17-9）。票、片图均系传统木偶。如今在德国还出现令人吃惊的木偶新品种，木偶制作材料已告别了木制时代，由布、纸、塑料等新型材料制作，2009年为纪念德国统一19周年，在柏林街头上演一场叔侄重逢的巨人木偶戏，这一巨型提线木偶有数十位工作人员分别操纵两个巨型木偶在街头游行，最终他们在勃兰登堡门前相会。这一古老的木偶戏在德国常变常新，与时俱进。

图17-8（德国，1984）

（3）欧洲其他国家的木偶与木偶剧。①邮票提线木偶戏（图17-10）。②邮票

图17-9（德国，1970）

儿童木偶明星（图17-11）。票面展示于1968年上演的系列木偶剧中的儿童木偶、吹乐器的木偶。③邮票木偶剧团成立50周年（图17-12）。票图为剧团徽志，附票为著名木偶角色，一个叫克洛索的小猪。④斯洛伐克木偶剧中的小丑“加斯帕克”的形象，见（图17-3）小型张中右一票。⑤邮资封（图17-13）。封面左图下方写有莫斯科木偶戏工作者国际联盟第十二次大会字，上方为众木偶形象。⑥邮票克列帕木偶3枚（图17-14），票面展示木偶拉气球、木偶在滑翔机上及木偶驾马车飞行的情景。⑦邮票舞台上的木偶与手（图17-15）。这是为国际木偶艺术协会成立75周年发行的，票面图案为提线木偶拼写出的国际木偶联合会缩写“UNIMA”，该组织是世界上历史最悠久的国际木偶组织，为非政府组织，隶属于联合会教科文组织。

图17-10（法国，1982）

图17-11（瑞士，2006）

图17-12（爱沙尼亚，2002）

图17-13（苏联，1976）

图17-14（俄罗斯，1997）

图17-15（克罗地亚，2004）

图17-16（巴西，1976）

三、其他木偶表演

①邮票手指木偶3枚（图17-16）。如票图所示，手指木偶很小，用一根手指头就可以进行表演。手套木偶为中空的头像，以前是木刻的头像，如今已由塑料、纸等材料制作。②小型张杂技团一木偶与卡通表演（图17-17）。图示多个木偶鼻上带棒，会同卡通表演。

“刻木为偶以作戏”、“半真半假”、“以假伴真”，这是木偶戏的基本要求，把木偶这个无生命的人形，变成一个栩栩如生、有面有肉的演员，使木偶成为依附了灵魂的木偶。

图17-17（阿根廷，2004）

专题十八

木制传统玩具、游乐用具和体育用具

木材因其固有的特性以及不同质地的木材种类繁多，加之木材又是便于索取和加工的材料，因此在传统玩具、游乐用具和体育用具诸多方面广泛选用木材制作。以下分别借助相关邮品展示有关这三个方面的木质用具。

一、木制传统玩具

玩具，简单说用于“玩”的器具。玩具不光适合儿童，还适合青年和中老年人，覆盖了各年龄段的所有人群。玩具是打开智慧大窗的工具，它让人们机智聪明。用木材制成的玩具有着悠久的历史，据说可以推及至我国的战国时期。由于木制玩具的原料易得，且可塑性强，因此，自古至今，木制玩具的数量和种类也尤其庞大，只是由于木材材料本身难以保存，所以现在很难看到旧时木制玩具的实物。木制玩具内容比较生活化，像木刀、木枪、木鱼、鸡啄米等题材，最值得一提的是鲁班锁，用九只木块可拼出很多种组合的样式，相传是由诸葛亮发明的。木制玩具有着广泛的民众基础，并非属于某一个国家或时代特有。一些地区传统的木制玩具具有独特的民族特色，成为政府文化保护的一部分。

随着时代的进步，木制玩具的木质也有了纯木制玩具、合成木制玩具和木辅玩具等；同时非木质的更多种类的玩具新产品应运而生，特别是塑料玩具的产生冲击着传统的木制玩具。由于木制玩具牢固耐玩、平安卫生、摔不碎、不生锈、无锋利棱角，并有一定的收藏价值，可以说木制玩具永远不会消失。当今世界范围对环境保护和玩具安全性能的诉求，木制玩具更加获得生产者和消费者的青睐，一些厂商利用小径材兴起了木制玩具产业，既遵循森林可持续经营的宗旨，又活跃了山区经济。在重视继承传统古老文化的今天，一些民间木制玩具成为政府文化保护的内容，带有中国 文化印证的木制玩具也成为人们馈赠国际友人的上佳礼品。

1.欧洲木制玩具的发展

（1）早期木制玩具。在欧洲早在17世纪，木雕及木制手绘玩具曾风行一时，有的延续至今，最常见的如俄罗斯的套娃和德国的传统木偶，在世界上享有很高声誉。①邮票木偶玩具（图18-1），票图为俄罗斯套娃。②邮票木制玩具3枚（图18-2），票图为木制洋娃娃、木制村庄及木马。③邮票民间玩具（图18-3）。票图中央为河北邯郸的木制棒棒人，当地棒棒人多用杨柳等木材车制而成，大多为圆柱形，工艺简单，色彩鲜艳，描绘雅拙。它虽制作较粗，但天趣浑成，价格便宜，深受孩子们欢迎。④小本票玩具（图18-4），小本票中左上2票为木制玩偶。⑤邮票木刻小玩偶（图18-5），这是为发现美洲200年（1150～1350）发行的美国西南部

图18-1（苏联，1970）

印第安人象征善神的木刻小玩偶。

（2）木制玩具由手工制作改为车床加工和手工打光大概是在1800年之后，这些木制的小动物从几英寸到几英尺高，最初作为圣诞节的摆设而出现的，后来发展整套的称为动物园的木制玩具，由独树一帜的德国转而流行于北美和欧洲，当时较为有名的数一种叫小小马戏团的玩具。木马、木马拖拉玩具等就是早期最流行的木头雕刻玩具。马身下接上一块半圆的木片，即轮子，便成了木制拖拉玩具。随着时代的变化，单纯的木马拖拉玩具发展到火车、汽车、轮船甚至飞机的木制拖拉玩具，呈现欣欣向荣的景象。①邮票圣诞节·古典玩具（图18-6），票图为木制玩具小火车。②邮票玩具世界（图18-7），票图为木制小火车。③邮票儿童玩具（图18-8）

图18-2（挪威，1978）

图18-3（中国，1963）

图18-4（西班牙，2008）

图18-5（美国，1989）

图18-6（加拿大，1979）

图18-7（波兰，2008）

图18-8（法国，2000）

。此票为红十字附捐票，写有如下说明：“我是由木头制成的，材料来源于树干、树根和树皮，我不会产生污染的危害，如人类自然的智慧的结晶木质飞机，承载着人类最伟大的理想，拖衬着童年的幸福和秘密在灿烂的星空里飞啊飞啊，今年邮政系统又青睐于我，将我搬上了邮票，成为红十字主题票的图案。”

随着木制拖拉玩具的出现，又有了活动的木制玩具，在玩具末端装上活动杆，可使玩具的四肢或头脚跳跃或活动，这类可活动的木制玩具叫做跳偶。①附捐邮票木制玩具4枚（图18-9）。票图为用活动木棍舂谷物、木马、胡桃夹子及鸟啄食。德国生产的小玩具，做工细腻，印刷精美，产品传统，天然安全，深受儿童喜爱。②邮票圣诞节礼物不干胶票4方连（图18-10）。主题是为胡桃夹子玩具，它是夹胡桃壳的木制玩具。工匠把它做成可爱的王子模样，穿上威武服装，套上头发，手持宝剑，象征着孩子要做勇敢、坚强的人。西方传说的胡桃夹子就像中国的门神一样，可以保护家园。4票图案为圣诞老人、国王、上尉及鼓手。

2.陀 螺

陀螺是全球流行历史悠久的木制玩具，其历史最早可追溯到公元前250年的古希腊。木制陀螺也是我国传统玩具，查辞源：“陀螺者，木制，如小空钟，中实而无柄，袋以鞭之绳，卓于地，急掣其鞭。一掣，陀螺则转，无声也。视其缓而鞭之，转转无复往。转之疾，正如卓立地上，顶兴旋旋，影不动也。”木制陀螺是选用坚硬的木材，如番石榴、龙眼等树的树干做成的。陀螺除了小孩爱玩外，成人之间也举行严肃的竞赛。①邮票陀螺（图18-11）。票面为儿童手持绳鞭打陀螺。②邮票陀螺（图18-12）。票面为二彝族青年正在鞭打陀螺，比谁的陀螺旋转时间长。③邮票陀螺（图18-13）。

图18-9（德国，1971）

图18-10（美国，2008）

3.积　木

通常是立方的木头，也有平面的。近代有塑料固体玩具。在每一表面装饰着不同的颜色及图画，容许玩者进行不同的排列，或拼成房屋、各种动物等。积木有助于开发孩子的智力，有利于培养孩子的想象力和创造力。①附捐邮票儿童积木5枚（图18-14）。②邮票积木（图18-4），小本票右下2票，系建筑积木，可拼成房屋、门等。

图18-11（中国台湾，2006）

图18-12（中国，2011）

图18-13（西班牙，1989）

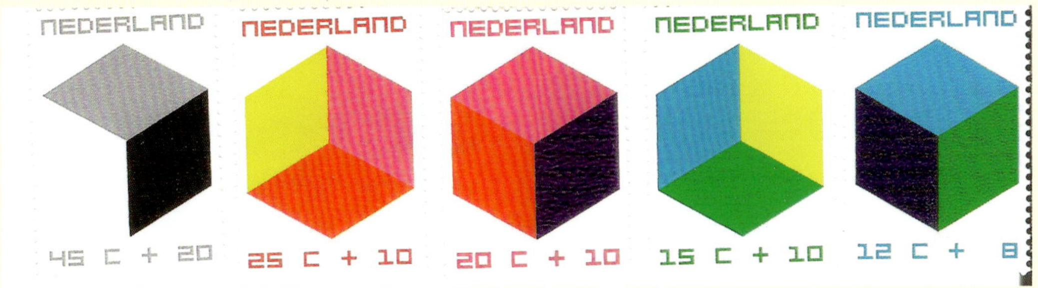

图18-14（荷兰，1970）

4.木　琴

图18-15（波兰，2008）

邮票竖琴三角形票（图18-15）。票图系七彩八音玩具木琴，取优质木材制作，无毒安全的环保漆呈七彩，适于幼儿喜欢有声音的物体，敲击木琴对幼儿肢体运动感觉很有帮助。

5.不浪鼓

也称拨浪鼓、博浪鼓，是我国传统、古老的玩具，主体是一面小鼓，两侧缀有二枚弹丸，鼓下方有木柄，转动鼓柄弹丸里甩动击鼓发声，鼓身以木质最为典型。早期的拨浪鼓是乐器而非玩具。拨浪鼓在我国许多地方流行，世界各地分布也很广。小型张易经八卦七（图18-16），画面为一身着古装的小男孩右手持不浪鼓的情景。

图18-16（中国澳门，2010）

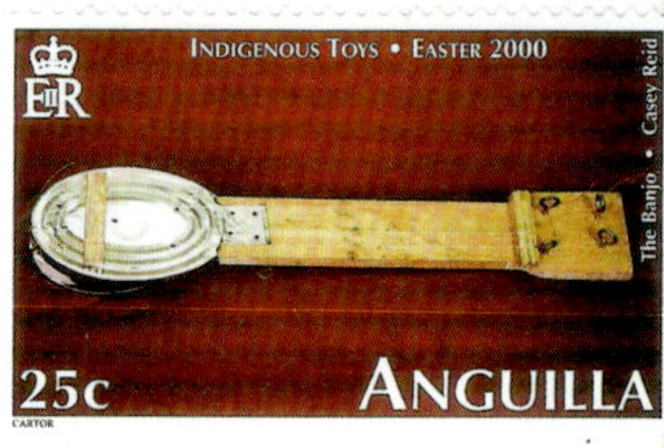

图18-17（安圭拉，2000）

6.土著玩具

邮票安圭拉复活节土著玩具5枚（图18-17）。票图为木架弹弓、小木车、栏、陀螺等。

二、木制传统游乐用具

1.旋转木马

最早是19世纪欧洲小店主流行在店门口摆木马摇椅，后有人把木马椅用木架托起来，围成圆圈并转起来。先是人、马拉动，后在欧洲出现了蒸汽机推动。旋转木马是一个让人看起来很幸福的游戏，它的含义是“追逐是等待无法触及的距离”。邮票旋转木马4方连（图18-18）可见一斑。如今旋转木马是游乐场机动游戏的一种，木马也有非木质材料替代。

2.空 竹

空竹是一种用线绳抖动使其飞速旋转而发出声响的游乐玩具，它以竹木为材料制成中空，因而得名。空竹制作工艺十分复杂，其轮和轮面为木料，轮圈为竹

图18-18（美国，1994）

制，有鸣响缝。空竹的中轴用结实耐用的木材，如黄檀木。抖空竹是我国广泛流传的一种民间游戏，是杂技表演的项目，也是民间传统体育运动项目，它具有文化娱乐、健身锻炼和社会民俗价值。空竹已列为国家级非物质文化遗产，它是老北京的一种重要的民俗玩具，民俗节庆的道具，在北京开设了空竹博物馆。图18-19为邮票抖空竹（中国1974年发行的杂技邮票之一）及邮资封老北京风情—卖空竹。小本票西班牙玩具中左下2票也是空竹（图18-7）。

3.秋千和跳板

荡秋千，设有木架构成的秋千，人踩在一块用两根绳系在上空木架，悬空荡，一般适宜小孩和妇女，如邮票少数民族传统体育——秋千（图18-20）展示的。另有老挝于1995年发行的有联合国徽志的邮票荡秋千（图18-21），是一种供多人荡游的木架构秋千。跳板，一般长近6m，宽40cm，厚5mm左右，大多用坚硬又极具弹性的水曲柳木板制作。跳板是一种体育竞技游戏，一般在元宵节、端午节和中秋节等喜庆时举行。它是朝鲜族人喜爱的一种传统体育运动，如邮票跳板（图18-22）票图所示。

图18-20（中国，2003）　图18-21（老挝，1995）　图18-22（朝鲜，1983）

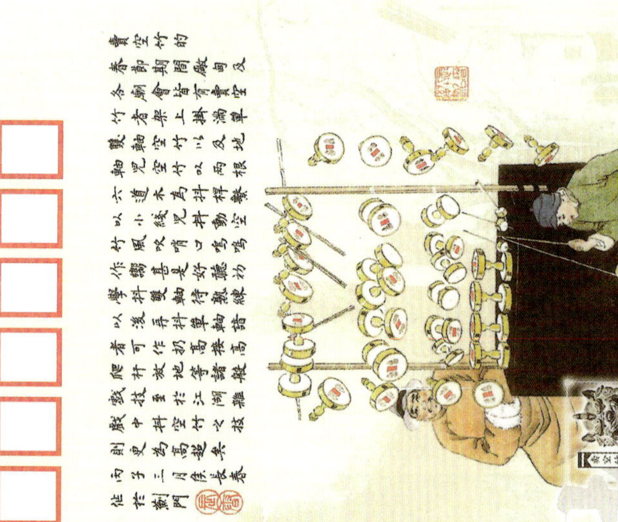

图18-19（中国，1974）

4.高　跷

以二根木棍为道具的高跷，踩高跷是民间盛行的一种群众性技艺表演，它流行于古今中外。图18-23展现邮票民俗·踩高跷和邮票民间舞蹈·踩高跷。

图18-23（中国台湾，1967；刚果，1965）

图18-24（中国，1986）

三、木制传统体育用具

（1）木质球。①邮票中国古代体育·撞丸（图18-24）。撞丸即打球，撞丸所用的杖（棒）系木质，撞丸的球一般用赘木（树瘤）制成。撞丸是中国古代球戏之一，最早的记述于公元1282年，其形制运动规则与后来在苏格兰出现的高尔夫球有惊人的相似，二者相距300年之久。②邮票滚木球和邮资封女子草地滚木球（图18-25）。草地滚木球亦称草地保龄球，一种在草地上进行的抛球比赛，是滚木球中流传最广的一种，自13世纪英国人在草地上滚木球，至15世纪流行高尔夫球运动，而滚木球仍在欧洲流行至今，1966年开始每4年举行一次世界锦标赛。它用白色目标球一只，黑色跟踪球二只，均木质球，球面允许有凹凸，以控制方向。木球将竞技、休闲和健身性融为一体，适合各年龄层的人参与，不受场地限制，故人称“平民高尔夫”运动。木球也是我国回族传统体育项目。我国于2008年正式将木球列为国家正式体育项目。

（2）飞镖。小型张体育·飞镖运动（图18-26）。飞镖是澳洲土著人发明的飞去来器，又称旋镖，是由传统打猎工具演变而来的。人用力将其掷出，高速旋转前进，后又会自动盘旋返回到人的手中。如今它仍是一种玩具，一种健身器具。它多用坚硬棒刻削成木片，一般长30～75cm，重量约340g，其形状有V字形、十字形、螺旋形等。当今最好的运动回旋镖是用高强度特殊航空材料，厚度5mm（共10层，1层0.5mm）。飞镖在澳大利亚、美国、法国等是相当普及的一种体育运动。

（3）邮票木接力棒（图18-27）。在接力赛跑中一般用纯实木棒，票图展示富

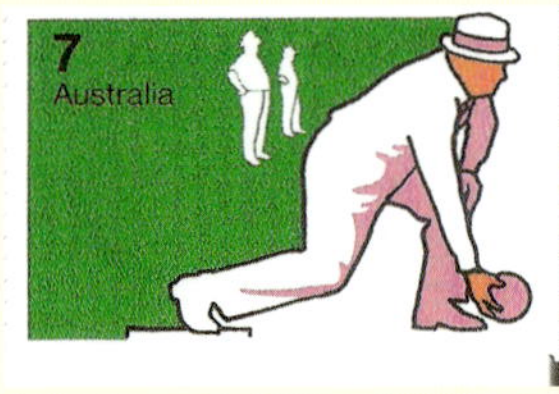

图18-25（澳大利亚，1974；1985）

有特色的木接力棒。

（4）民族传统体育。①邮票板鞋竞速（壮族）和高脚竞速（土家族）2枚（图18-28）。2票展示中国少数民族传统体育，前一票为3名运动员将脚套进板鞋的鞋套，喊着号令，一起向前行走；后一票为运动员将脚踩在离地面30～40cm高，捆绑于“高脚马”上的木质脚踏蹬内的情景。②邮票水上运动（图18-29）。3票为木浆划舟、走独木及在滑的木头上打斗游玩。③邮票民间运动会·扛树桩等（图18-30）。

（5）蒙古象棋。蒙古象棋是自古流传下来的棋种之一。棋子用木头精雕，棋盘大多是木质的。邮票象棋子6枚（图18-31）。木雕棋子为兵（山羊羔）、车（马车）、象（骆驼）、马（牧马）、后（虎）及王（带狗的人）。据民俗学者介绍，蒙古象棋把“象”刻成骆驼，把“卒”刻成狮子或猎

图18-26（巴布达，1984）

图18-27（南斯拉夫，1980）

狗，体现了草原放牧生活的特色。蒙古象棋有着2000多年的历史，是中国北方草原游牧民族的博弈游戏，至今仍在那达慕大会等文体活动中盛行。

为了叙述方便，以上分传统玩具、游乐用具和体育用具三个方面，在实际生活中、在某些场合，特别是传统民俗活动中可以一物多用。木材作为可再生生物资源，由它制作的文体活动用器具，将随着科技进步而不断改进发展。

图18-29（冈比亚，1978）

图18-28（中国，2011）

图18-30（加拿大，1997）

图18-31（蒙古，1981）

专题十九
木质乐器

木材是一种生物质材料，是可再生森林资源的主要收获物。木材共振性较高，远古时先人用打击一段原木发声向远处传递信息，至今佤族仍有以打击一段凹口原木为一种乐器。由于声波作用在木材表面时，一部分被反射，一部分被木材本身的振动吸收，还有一部分被透过。被反射的占90%，主要是柔和的中低频声波，而被吸收的则是刺耳的高频率声波。正是由于木材内在结构，能产生优美的鸣响，是制作乐器的上好材料。民族乐器的琵琶、扬琴、阮等，西洋乐器的提琴、吉他等，均采用木材制作音板（共鸣板）或发音元件（如木琴），就是利用了木材的振动性和良好的声学性能品质。电声乐器系统中，常利用木材的良好音质特性，制成各种类型特殊的音箱，以调整扬声器的声学性质，创造出优美动听的音响效果。

针对有些乐器制材时取材苛刻，木材利用率低，而一些贵重木材的资源日益匮乏，世界著名品牌的乐器制造商，提出使用森林管理委员会（FSC）认证的“可持续经营”的木材，旨在保护日渐稀少的森林资源。

乐器融入人类生活，表述人们的喜怒哀乐，喜庆时用以伴舞、伴唱、伴奏；追思故人、祭祀、道场时用乐器道具；人们用鼓声乐声求神保佑。木质乐器构成木文化的不可缺少的部分。下面展示打击类、吹奏类、弹拨类、弓弦类、键盘类等木质乐器的邮品，简述乐器制作的选材。

一、打击类乐器

1.大 鼓

指形体较大的木质粗腰筒形鼓，用木槌敲打。如专题二（图2-7）的祭天神大鼓。①邮票民族乐器·大鼓2枚（图19-1）。票图一为悬挂在高处的鼓，可两面敲击，另一为放置在木架上的鼓，也可两面敲击。鼓是老挝民间最主要的民族乐器之一，当人们制作鼓时，非常讲究，都希望新制成的鼓敲起来有洪亮悦耳的声音，使人们得到欢乐鼓舞。人们还认为鼓声的悦耳与否取决于神灵的威力，还为鼓举行栓线祝福仪式，以祈求神灵保佑、消灾纳福的美好愿望。在偏僻的山村，击鼓仍是向全村召唤的号角，如发生林火时召唤全村人灭火。②邮票韩国传统·韩国鼓及鼓舞（图19-2）。③邮票木鼓（图19-3），此鼓与专题2（图2-6）斐济早期通讯用鼓相类似。

图19-2（韩国，1996）

图19-1（老挝，1994）

图19-3（几内亚比绍，1989）

2.手 鼓

悬挂在颈部、腰部一侧，用于拍打的鼓，用以伴舞。

（1）象脚鼓，流行于傣、佤、布朗、景颇、德昂、阿昌、拉祜、哈尼等民族中，形如高脚杯。①邮票傣族（图19-4）及4方连·中华人民共和国成立三十周年（图19-5），右下一票傣族男青年身背象脚鼓。二票均展示傣族男青年颈部挂一象脚鼓，该鼓是用一整段原木或几块木料拼组制作，通体中空，上端是杯形共鸣体，鼓面蒙皮，二端较粗，中腰细长。它是傣族的主要打击乐器，用手拍打鼓面，其声音圆润、深厚，既柔和婉转，又刚劲有力，适于节日、喜庆场合边击边舞。②老挝1984年发行民族乐器邮票其中之一，手鼓也为象脚鼓（图19-6）。

（2）长鼓。①邮票朝鲜族（图19-7），票图女青年身背长鼓。长鼓也称杖鼓，它流行于吉林朝鲜族聚居地区。鼓身系木制，一般取椿木，呈圆筒形，或取桦木或杨木多块拼合，两端粗空，中段较细而实，鼓面蒙皮，可发两种不同的音色。②邮票瑶族（图19-8），票面一男青年身背长鼓伴舞。这是流行于广东、广西、湖南瑶族聚居地区的长鼓，多以燕脂木制作，鼓呈长筒形，长83cm左右，用整块木料车旋而成，中腰较细而实，两端稍粗而空，蒙以羊皮或山兔皮。它用于庆丰收、乔迁或婚礼喜庆的日子以手拍击鼓面表演。其历史悠久，在瑶族传统的祭盘王仪典中和在驱鬼逐邪、治病占卜的巫术活动中常跳此类鼓舞。

（3）手鼓。维吾尔、塔吉克、乌兹别克等民族的手鼓，为箍圈形鼓，圆形木框，框上蒙羊皮或驴皮，框内缀若干小铁环。演奏时两手把鼓框，重心置于左手，击鼓面并摇动鼓身。邮票维吾尔族（图19-9），画面展示维吾尔族男青年跳手鼓舞。邮票民族乐器——手鼓3枚（图19-10）。

图19-4（中国，1999）

图19-6（老挝，1984）

图19-5（中国，1979）

图19-7（中国，1999）

图19-8（中国，1999）

图19-9（中国，1999）

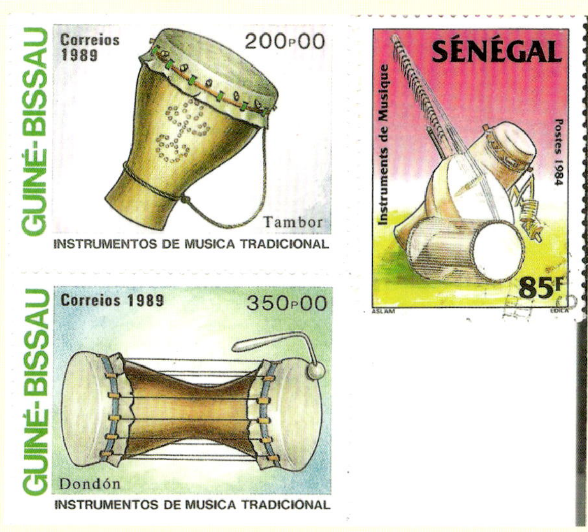

图19-10（塞内加尔，1985；几内亚比绍，1989）

3.木 琴

为击奏体鸣乐器，主要流行于东南亚、非洲和中南美洲民间的旋律性打击乐器。它是由一套长方形小木块组成，常选用红木和花梨木等硬质材料制成。①邮票木琴（图19-11），票图展示木条下一木槽为共鸣箱。如今木琴音阶长，在木条下设有金属管，起共鸣箱作用。敲击木琴用一对球形头的琴槌，槌头的软硬影响音色，多选用红木制成。木琴音色刚劲有力，多用来演奏轻快、活泼的乐曲，表达欢乐的气氛。②邮票木琴2枚（图19-12）。

图19-11（老挝，1984）

图19-12（几内亚比绍，1989；文达，1981）

二、吹奏类乐器

木管乐器因用坚实耐用的木材制作而得名，它们都有一个可以吹出空气的中空管子，如单簧管、双簧管，管身为木制，如今许多木管乐器也用金属或有机材料制造，但其发音原理仍沿用木管乐器。木管乐器的历史很久远，大致上古代人类在动物的腿骨上打洞制造出来的原始笛子就是木管乐器的祖先。邮票木管乐器2枚（图19-13），一是朝鲜于2008年发行民族乐器邮票，其中二枚为木管乐器；另一是韩国于2011为与澳大利亚建交50周年而发行的澳大利亚的土著乐器——迪吉里杜管。它是世界上最古老的乐器之一，是根空心的树干（桉树树干由白蚁啃去干木心而成），通过吹乐人不断地震动嘴唇和一种特殊的呼吸方法来发出声音。

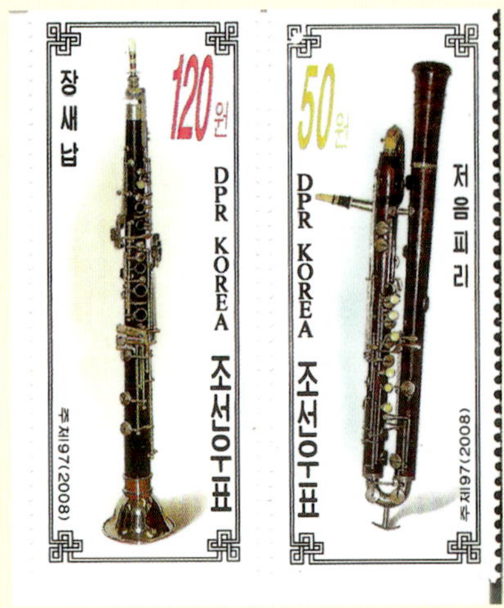

图19-13（朝鲜，2008；韩国，2011）

三、弹拨类乐器

用手指或拨子弹奏，借木制共鸣箱发声的乐器。这类乐器的琴体都是用乌木、红木、紫檀、花梨木或其他较硬木材制成，其共鸣板面，除三弦用蟒皮外，其余均采用梧桐木。

（1）古琴。又称名琴、弦琴。琴身为狭长木质音箱，长约110cm，琴头宽约17cm，琴尾长约13cm。面板用桐木或杉木制成，底板用梓木制成。中国1983年发行的邮票琴和2006年发行的邮票古琴（图19-14），可见一斑。古琴是中华民族最早出现的弹拨乐器，如前一票面背景为仕女以示其古老的历史。古琴艺术作为我国历史文化宝库的重要组成部分，2003年入选联合国教科文组织“人类口述和非物质遗产代表作”名录。

图19-14（中国，1983；2006）

（2）琵琶。①邮票琵琶（图19-15）。票图是清代拨弦乐器曲颈琵琶，现藏中国历史博物馆。曲颈琵琶也称“胡琴”，原是一种波斯乐器，梨形音箱。琵琶的琴身选用坚硬木材，如紫檀、老红木等，面板选用木质松软的桐木为上乘，还有琴头、旋轴都是木材制作的。②邮票中国曲艺·评弹（图19-16）。票图展示苏州评弹演员手抱琵琶自弹自唱的情景。③邮票阮（图19-17）。2000多年前的“汉琵琶”简称

图19-15（中国，1983）　图19-16（中国，2011）　图19-17（中国，1983）

阮，是民间流行的弹拨乐器，琴头顶端多饰以民族风格的雕刻，圆形音箱，用桐木做面板，上张4条琴弦，用于独奏、歌舞伴奏。

（3）三弦。又称“弦子”，汉、蒙等民族喜欢演奏这种乐器。①邮票三弦（图19-18）。这种乐器始于秦，唐代已普遍为乐人所掌握。近代用的三弦，筒为木制，两面蒙蟒皮，张弦三根。琴筒的框板选用乌木、紫檀、红木或花梨木，琴杆多用银杏、榆、樟、楠、椴、楸木，指板用红木、紫檀或乌木。②4方连（图19-5）的右下票展示一彝族男青年身背大三弦弹奏。③邮票彝族（图19-19）。票图为一青年身背彝族月琴，该琴呈八角形音箱，设四条弦，扁形的共鸣箱由面、背、框板胶粘而成，木材选用纹理顺直均匀，无疤节和木色一致的桐木；弦轴用黄杨木；琴头和琴颈用一整块紫檀木或其他硬木制作，琴头顶端雕有图案。

（4）冬不拉。邮票哈萨克族（图19-20）。票面展示男青年在弹冬不拉，这是哈萨克族古老的一种弹拨乐器。它是用红松或桦木制作，琴腹呈梨形，颈细而长，张二弦。最早的冬不拉，大多用整块松木或桦木凿成，形状像一把放大了的勺子。

（5）箜篌。邮票箜篌（图19-21）。它是在东汉时由波斯传入我国的一种角形竖琴，形如半截弓背，曲形共鸣箱。中国乐器博物馆珍藏的小箜篌之一是榆木制，其共鸣箱系在角形曲木内侧掏空，蒙以核桃木薄板而成。

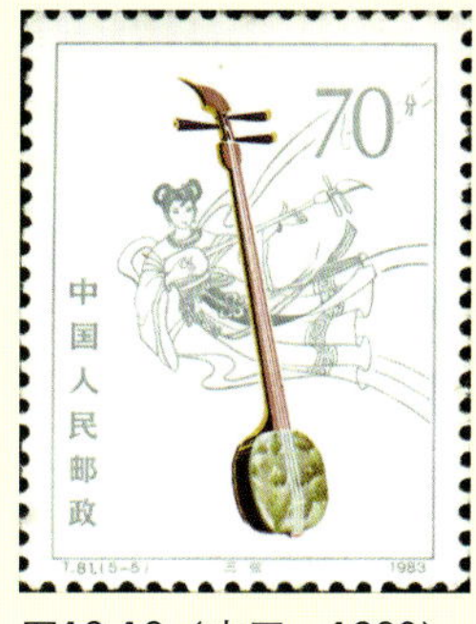

图19-18（中国，1983）

图19-19（中国，1999）

图19-20（中国，1999）

（6）伽斯琴。邮票民族乐器·伽斯琴（图19-22）。该琴又称朝鲜筝，古时琴体用整段原木刳成的，现在的琴的各个部位选用不同的优质木材。如琴框用易于振动的鱼鳞松或梧桐木制作，琴底板用栗木，琴柱用红木或花梨木。

图19-21（中国，1983）

（7）竖琴。邮票竖琴（图19-23）。它是一种最古老的大型拨弦乐器，琴身为木结构，选用贵重木材装配，如枫木，以取得调音的稳定性和结实性。

（8）吉他。吉他是典型的大众乐器，雅俗共赏，便于演奏。理想的吉他琴体的底板和侧面应由最好的黄檀木构成，面板采用云杉木，琴颈由红木制作。葡萄牙1994年发行邮票一枚（图19-24），展示电吉他的制作。吉他的祖先可追溯到公元前二三千年前古埃及的耐法尔，13世纪的西班牙由波斯语逐渐演化成西班牙语吉他一词，文艺复兴时期是吉他的鼎盛时期，20世纪蓬勃发展，吉他成为与钢琴、提琴一样被人们广泛喜欢的乐器，在全世界流行开来。

（9）独弦琴。①邮票京族独弦琴（图19-25）。这是流行于广西防城京族的弹拨乐器，该琴的音箱有1m长，12cm宽，侧板用硬杂木，面板和底板用桐木，弦轴为木制，用扁形竹片跳弦。②邮票民族乐器（图19-26），该乐器为简易的弹拨乐器。

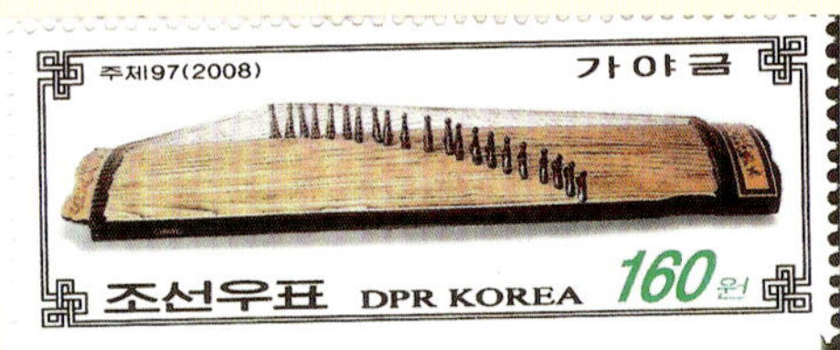

图19-22（朝鲜，2008）

图19-23（法国，1989）

图19-24（葡萄牙，1994）

图19-25（中国，1999）

图19-26（南非，1985）

四、弓弦类乐器

由弓与弦组成的乐器，以弓擦奏琴弦而发音的弓奏弦乐器，又称拉弦乐器，一般多为竹木与丝弦组合。

（1）轧琴。轧琴是我国最初的拉弦乐器，历史悠久，形制古朴大方，音色细腻柔和，演奏方法独特。邮票轧琴（图19-27）。轧琴又称轧筝，唐初在我国民间出现，南宋时在民间普遍使用，到清代发展到十弦，与今日轧琴相同。其共鸣箱呈长方形，琴长60cm，宽13.5cm，面板和底板均用桐木制，面板表面中间拱起，呈半弧形，底板平直，中间开有圆孔，面板和底板胶合成共鸣箱。

（2）二胡。二胡是中国乐器中的“王子”。邮票二胡（图19-28），根据演奏者的不同而选用不同的木材。普及类的二胡一般是选用硬杂木制，如榉木、色木等；专业类的二胡，选用较贵重的红木，木材沉重而坚硬；高档一类则选用老红木。二胡制作的选材都要依据力学和声学的原理，对每一部位的木材都要符合二胡整体是一个振动体的要求。

（3）萨塔尔。邮票萨塔尔（图19-29）。它是维吾尔族民间拉弦乐器，外观像一支长柄水瓢，通体用桑木制作，早先的瓢形共鸣箱，是用一整块桑木挖凿出腹腔

图19-27（中国，2002） 图19-28（中国，2002） 图19-29（中国，2008） 图19-30（中国，2002）

后用桑木薄板蒙裹而成，20世纪50年代后改用11块桑木版烤弯后拼合而成的琴箱，再蒙以松木面板。

（4）马头琴。邮票马头琴（图19-30）。它是蒙古族拉弦乐器，因琴杆上端雕有马头装饰而得名。其共鸣箱是正梯形，也有六角形、八角形的，琴箱框板多用色木、榆木、花梨木、红木或桑木等硬杂木制成，琴头、琴杆多用一整块色木、花梨

木或松木制作。

同为弓弦类民族乐器的邮票还有①吉尔吉斯斯坦1993年发行的民间乐器1枚，②东德1971年发行的传统乐器4枚，③几内亚比绍1989年发行的2枚（图19-31）。

（5）小提琴。影响小提琴发音的最重要的部件是面板和背板，名牌小提琴的面板选用云杉、背板选用槭木，对着阳光能均匀的透光。为使木材的特色音质转化为金属声，制造者在选木材上下苦功夫，让琴的立体由60多片木材构成，把不同拼成木材的音质转化为金属声。并选用生长在北坡阴面的树，取树阴面的材料为宜。经测定山阴面的云杉树其阴面具有纯度高、比重轻、音频低、振幅宽、传播音速快等特色。槭树木材也如此。取阴面的木材，太阳光紫外线的辐射少，材质好才能均匀透光。①小本票纪念巴赫逝世250周年（图19-32）。小本票含古钢琴、小提琴、琵琶、高音提琴及小号等。②邮票小提琴（图19-33）。

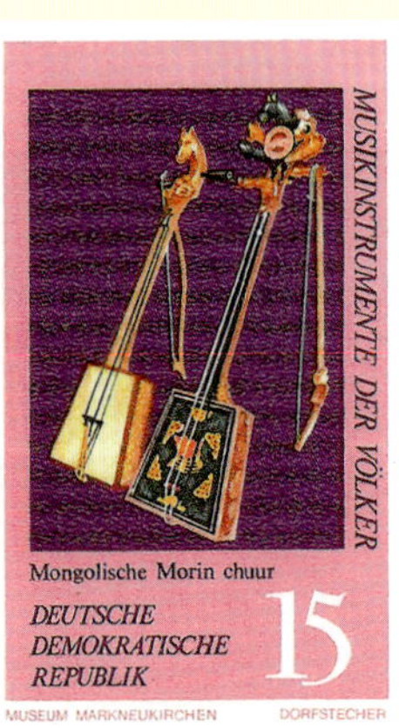

图19-31（吉尔吉斯斯坦，1993；几内亚比绍，1989；东德，1971）

五、键盘类乐器

现代钢琴中除钢丝之外，80%的材料都是木材制作成的，另外20%采用铸铁支架。钢琴的整体琴箱也称外壳，是一个由19层，坚实木材层压胶合而成的共鸣体。要确保木材纹理保持水平，选用天然生长的木材，如云杉、枫木。①邮票钢琴（图19-34）。票图是奥地利贝森多夫三角钢琴，它是世界公认三大著名钢琴品牌之一。②邮票钢琴（图19-35）。

乐器品种繁多，具有个性化的特点，制作乐器的木材选材苛刻，使木材利用率低，同时随着人们对木质乐器需求的增长，而珍贵树木资源存量减少。为缓解木材供需矛盾，一些有识之士提出节约利用和重复利用珍贵木材，保护和人工营造珍贵树木，提倡利用有“可持续经营”认证的木材资源。世界最主要的吉他品牌厂家发起参加由绿色和平组织发起的“音乐木头联合”，旨在保护日渐稀少的森林资源。

图19-32（比利时，2000）

图19-33（美国，1980）

图19-34（中国，2006）

图19-35（法国，1989）

专题二十
木生菌

通常人们把可食用的蘑菇称为“食用菌”。它味美，营养丰富，常被人们称作健康食品。有的食用菌还具有药用价值。远古人类最初就是从森林等自然界发现可食的蘑菇，他们生长在树干上、朽木上、树下地上或树根上，种类繁多，称其为野生菌。这类资源丰富，是林区副业产品。中国的食用菌资源丰富，也是最早栽培食用菌的国家之一。2000多年前的《礼记》、《吕氏春秋》和《齐民要术》等古籍文献中都有人类使用菇类的记载。1000多年前已有人工栽培木耳的记载。至少在800多年前香菇的栽培已在浙江西南部开始。

木材是一个复杂的有机体，主要成分中碳约占44%，氢约6%，另含0.5%以下的氮和1%以下的矿物质粉灰分。木材的实验式为$C_3H_4O_2$。木材的主要成分为木质素、纤维素和半纤维素，在伐倒树木（或俗称段木）、木材加工剩余物等中，注入一定的菌种（这里指可供人们食用的真菌，它是高纤维物质），在真菌丝生长过程中，对木质素、纤维素等进行分解，将其转化为葡萄糖、氨基酸等，成为其吸收和利用的营养物质。如香菇、平菇、茶菇等适合在阔叶树或阔叶材上生长，银耳、黑木耳、猴头菌、灵芝等适合在朽木上生长。

随着科技进步，各国兴起用段木或木粉等组合的培养基栽培蘑菇，节约使用木材，以保护森林资源。人工食用菌已成工厂化生产、加工和贸易，不仅丰富了人们的餐桌，还成为一国进出口贸易的商品。我国是蘑菇生产和贸易大国。

下面借邮品展示人工培育食用菌、林中生长的食用菌及去村中采蘑菇。

一、人工培育食用菌

（1）灵芝。①邮资明信片（图20-1）。片是为国际食用菌生物技术讨论会而发行的，片中图由各种食用菌组成，居中的为灵芝，表示预祝会议圆满成功。原段木培育灵芝，选壳斗科树种，如栲、栎、槠、榉等，砍伐的树木应选择生长在土质肥沃、向阳的山坡。这样的段木营养丰富，培育的菌产量高，品质也佳。灵芝是中医药宝库中的珍品，素有“仙草”之誉。有防病治病，延年益寿的功效。②小型张树舌灵芝（图20-2）。这是生长在杨、桦、柳、栎等阔叶林立木、倒木和伐桩上的灵芝，多年生，子实体大，无柄，菌盖半圆形。③邮票灵芝（图20-3）。④小型张灵芝（图20-4）.这是长在枯树干上的。

（2）邮票香菇（图20-5），图像展示段木上生长的香菇形象。香菇也称“香蕈”、“冬菇”，原生长在枯死的枫香、栲、栎、栗、野漆等树上。浙江省庆元县是世界人工栽培香菇的发祥地，南宋建炎四年（公元1131年）出生于庆元县龙岩村的吴三公发明了“原砍花法”栽培香菇技术，800多年来在庆元菇农中秘传不息。20世纪70年代以来，历经了“段木纯菌丝接种法”，“代料栽培法”和“高棚层架栽培花菇法”三次重要技术变革。吴三公的“砍花法”后由日本当时著名林学家和菇类学家佐藤成裕转录于他写的《惊蕈录》中，从而传到海外。香菇不仅是席上山珍，还有独特的药用价值。自古以来，香菇一直被视为珍品，远销东南亚、日本、朝鲜等国家。

图20-1（中国，1989）

图20-2（朝鲜，2003）

Ganoderma applanatum

TUVALU 40c

图20-3（图瓦卢，1988）

图20-4（坦桑尼亚，1996）

图20-5（中国，1981）

（3）邮票银耳（图20-6），图像展示树干上生长的银耳的形象。银耳也称“白木耳”。原为夏秋季生长在阔叶树腐木上的野生菌，后经人工栽培，用椴木、栓皮栎、麻栎、青冈栎等段木栽培，后又改为以木屑为培养基室内栽培。福建古田创造了装有棉籽壳、杂木屑、玉米芯、甘蔗渣等为原料的塑料袋，室内多层次立体栽培，产量成倍增长，生产周期也缩短了。银耳是一种高蛋白、低脂肪的滋养品，是我国传统出口名特产品之一，现已成为国内亿万民众喜欢食用的菇类菌种。

图20-6（中国，1981）

（4）邮票猴头菌（图20-7）。票图展示猴头菌形象，子实体鲜嫩时呈白色，干后为浅褐色。秋季生长多，多生于栎类等阔叶树立木或腐木上，我国东北、华北和西南地区都有生长。现有用以杂木屑为主的混合培养料人工栽培。猴头菌是宴席上的名菜，有药用价值。

（5）邮票大红菇（图20-8）。票图展示大红菇色呈朱红，十分鲜艳。该菇夏秋季在林中地上群生或单生，是与槠、栲等树木的根系共生的菌根真菌。其营养丰富，在我国福建省视大红菇为补品，常供产妇食用。

（6）小型张木耳（图20-9）。木耳别名黑木耳，形似人耳朵，故名“木耳”。早在唐朝时，我国黑龙江省东宁县人们就将伐倒的柞木堆积起来可长出木耳；伪满

图20-7（中国，1981）

图20-8（中国，1981）

图20-9（马拉维，2003）

时期就大面积种植木耳，主要输往日本。新中国成立后，木耳仍是东宁县人民的传统副业，到20世纪70年代开始用段木打孔人工种植，产量大幅增加，到90年代规模化大生产。黑木耳可食用，营养十分丰富；可入药，具药用价值。黑木耳是我国主要食用菌品种之一。

二、生长在林中的野生菌

（1）邮票4方连（图20-10）。左上票为宽鳞多孔菌，是木栖腐生的中型菇类，可食用，生长在台湾等地低中海拔林区；右上票为木蹄层孔菌，又称木蹄，多年生，生长在栎、桦、杨、柳、梨、李等阔叶树树干或木桩上，可药用，有消积化瘀的作用，在我国许多省区有分布；左下票桦剥管菌，专门生长在桦木属的树干上，一年生，幼嫩时可食用，在我国许多省区有分布；右下票为磷黄菌，多生长于栎等阔叶树干基部，引起树干基部腐朽，也生长在冷杉、落叶松等活立木及木桩上，幼时可食用，有调节抗体的药效，在我国许多省区有分布。

（2）巴西发行蘑菇邮票3枚（图20-11）。票图分别为：左上票为属多孔菌目的木腐菌，色红，为药用菌，可人工栽培；右上票为属伞菌目的木腐菌，具有很高的药用价值，可抗肿瘤，可食用；下票为属菌蕈目的木腐菌，可食用，生长在阔叶树

图20-10（保加利亚，2004）

倒木上，现已人工栽培。

（3）瑞典于1978年发行食用菌小本票（图20-12）。封面图为段木上长出的食用菌和瑞典19世纪的植物学教授ELias Fries像（1794～1878），他对大型真菌的分类做出了贡献，在他以后的100多年里，伞菌和多孔菌的分类都是以他的系统为基础。伞菌目菌类，生长在树干上或枯树落叶层，多孔菌目菌类多生长在腐木上，也有在腐殖质或地上。小本票展示6种可食用的蘑菇，它们是左上的红菇、左下的鸡油菇、中下的牛肝菌、右上的高大环柄菇、右下的珊瑚菌。

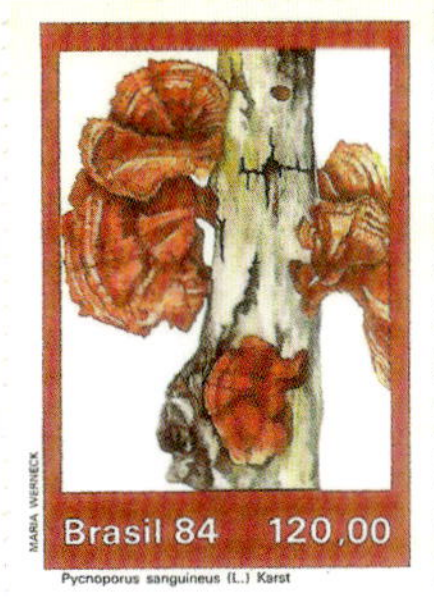

图20-11（巴西，1984）

图20-12（瑞典，1978）

（4）罗马尼亚于1986年发行蘑菇邮票6枚（图20-13）。均为食用菌，生长在针叶林、阔叶林中空地草丛中，它们依次（从右到左）为：橙盖鹅膏菌、牛肝菌、焰耳、乳菇、紫丁香菇、红菇。其中红菇可药用，焰耳菌可起抑制肿痛作用。

（5）朝鲜于1995年发行橙盖鹅膏菌小型张及1991年发行食用菌邮票5枚（图20-14）。橙盖鹅膏菌生长在海拔2000～4500m的原始林中，是纯天然食品。5枚邮票的食用菌均为林下空地草丛中生长的蘑菇，其中面值大的二票为红菇和珊瑚菌。

（6）西班牙于2009年发行鸡油菌和牛肝菌邮票（图20-15），均为野生食用菌。

（7）斐济于1984年发行桂花耳邮票（图20-16）。菌菇生长在针叶树倒木或木桩上，成群生长。可食用，含类胡萝卜素，具滋阴养胃，清肺热等药效。

图20-13（罗马尼亚，1986）

（图20-14）

图20-16（斐济，1984）

图20-15（西班牙，2009）

三、休闲旅游·采蘑菇

在大力提倡回归自然的今日，人们把去林区寻采蘑菇视为一种休闲旅游活动，不仅可与大自然亲密接触，还可以美味野餐。

（1）瑞典2000年发行邮票1枚（图20-17）。票图展现一妇女手拿篮子一手领着小孩行走在林中准备采集可食蘑菇。瑞典是世界闻名的“森林王国”，瑞典人十分重视环境保护，热爱大自然，喜欢利用闲暇时间到野外、到森林和田野远足，采摘野果和蘑菇，政府也有相关法规支持公众参与式旅游。

（2）白俄罗斯采蘑菇邮票（图20-18）。票图为一儿童利用假日，身背背包去森林采蘑菇。

（3）俄罗斯1964年发行白菌邮票（图20-19）。俄罗斯森林资源丰富，林中盛产味美的野生食用菌，如票图所示为山地云杉林林地土壤中长出的白蘑菇，有时会在腐朽的树干上有白蘑菇，可摘取食用。

生长在林内树干、树桩或林下草丛中的野生食用菌，以及经过人工用段木或装有木屑等合成的培植袋上长出的食用菌，形成白色农业，即微生物农业—食（药）用菌产业的组成部分，有着广阔的前景，它不仅丰富人们生活所需的蛋白质，还能用于医药上。同时每年吸引众人到林区采集野生食用菌，是人们回归自然放松身心的好去处，还可聚会美餐，这些都丰富了木文化的内涵。

图20-17（瑞典，2000）

图20-18（白俄罗斯）

图20-19（俄罗斯，1964）

附 注

1、中国世界遗产明信片（2010）

中国的世界遗产是世界公认的精品风景和文化遗迹，具有突出、普遍价值和独特的艺术成就，它们浓缩着中华悠久的历史、灿烂的文化和壮丽的山河。由亚洲传播出版社出版。明信片正面左下方印有世界遗产的标志，它象征着文化遗产和自然遗产之间相互依存的关系，中央的正方形是人类创造的象征，圆圈代表大自然，两者密切相连。这个标志呈圆形，即表示全世界，又表示它需要人类给予保护。

本书中图2-7、7-6、7-9、7-19、7-24、8-3、8-6、8-21、9-1、9-15、9-16、9-17、12-1、12-2、15-1、15-2为此类明信片。

2、个性化邮票

个性化邮票是以中国邮政集团公司发行的带有附票的个性化专用邮票为载体，根据用户的正当需要和有关部门的规定，在附票上印刷个性的内容，赋予附票的特征。邮资图案太阳神鸟、花开富贵、一帆风顺等。

本书中图2-11、4-17、4-22、6-5、6-14、12-18、12-19、13-2、18-19为个性化邮票。

3、附捐邮票

附捐邮票是在邮票的原有面值上，另外增加一部分捐款费，用于为社会公共福利事业筹集基金而发行的附加捐资邮票，也叫福利邮票和慈善邮票。

本书中图4-18、12-7、15-30、17-8、18-11、18-12、18-14为附捐邮票。

4、欧罗巴邮票

欧罗巴邮票最初只有6个国家发行了13种邮票。1950年后，欧罗巴邮票已成为54个国家共同发行的主题邮票。也就是从最初多个国家发行统一图案的邮票开始，到现在已经成为每一个主题由欧盟各国发行具有本国特色的邮票，从而成为一个既独特又庞大的邮票系列。联合国确定2011年为“国际森林年”，欧盟多个国家于2011年发行各具特色的与森林有关的邮票。

本书中图4-11、4-12、12-25、15-13、16-12、18-13为欧罗巴邮票。

主要参考文献

［1］ 徐有明.木材学[M].北京:中国林业出版社,2006.
［2］ 李坚.木材保护学[M].哈尔滨:东北林业大学出版社,1999.
［3］ 苏祖荣,苏孝同.森林文化学简论[M]. 上海:学林出版社,2004.
［4］ 尚景.中国木文化[M].合肥:时代出版传媒股份有限公司,2011.
［5］ 王庆春,黄大岸,等.品读中国木文化[J].大连民族学院学报,2007,1.
［6］ 耿守忠,杨治梅. 中国集邮百科知识[M].新版.北京:华夏出版社,1998.
［7］ 吴静和. 邮票上的林业史[M].北京:中国林业出版社,2011.
［8］ 周洁明. 芬兰当代建筑与传统文化[J].现代艺术与设计,2005,8.

后　记

邮票是邮政机关发行，供寄递邮件贴用的邮资凭证。邮票的发行由国家或地区管理，是一个国家或地区主权的象征，反映了一个国家或地区最有代表性、最经典事物的精华。邮票的方寸空间，常体现一个国家或地区的历史、科技、经济、文化、风土人情、自然风貌等特色，是包罗万象的小百科全书。国际上公认，邮票是时代发展的一面镜子，能准确、客观地展现出时代气息和特征。邮票虽区区方寸，却折射着大千世界的幽幽之情，展现了一国国情和民族特色，体现了科学性与艺术性完美结合的独特魅力。

集邮是一项世界性的文化活动，以收集、整理、鉴赏和研究邮票、邮品为主要内容，涉及多学科、多门类的知识，有着广泛的社会功能。我是1990年退休后由年轻时邮票收藏进入专题集邮。我学习了集邮学相关知识，并以林业、木文化和竹文化为专题进行集邮和研究。我从网上选购世界各地相关的邮品，查询与邮票相关的信息，挖掘邮票背后耐人寻味的故事，切实体会到集邮文化的魅力。

在继2011年4月，我的首部邮票专著《邮票上的林业史》出版后，我着手整理木文化专题邮品，并撰写《邮票上的木文化》。在此过程中，得到浙江农林大学科技处、经济管理学院的领导及同事和校友的大力支持和帮助。在此特别感谢科技处黄坚钦教授，经济管理学院沈月琴教授、刘德弟教授和李兰英副教授为本书出版筹措资金并且给予经费资助。感谢校友、宁波耀星日用品有限公司周甫春的经费资助。经过4年的收集、编写、成图以及编排，《邮票上的木文化》终于成书与读者见面，让我们在方寸的天地中感受木文化的博大精深和传承木文化的文明。

吴静和

2015年12月于临安葡萄园